2024
内蒙古自治区可再生能源发展报告

INNER MONGOLIA RENEWABLE ENERGY
DEVELOPMENT REPORT 2024

内蒙古自治区能源局
水电水利规划设计总院　编

中国经济出版社
CHINA ECONOMIC PUBLISHING HOUSE

·北 京·

图书在版编目（CIP）数据

内蒙古自治区可再生能源发展报告. 2024 / 内蒙古自治区能源局，水电水利规划设计总院编. -- 北京：中国经济出版社，2024.9. -- ISBN 978-7-5136-7902-2

Ⅰ.F426.2

中国国家版本馆CIP数据核字第20248H5F51号

策划编辑　姜　静
责任编辑　李玄璇
责任印制　马小宾

出版发行　中国经济出版社
印　刷　者　北京富泰印刷有限责任公司
经　销　者　各地新华书店
开　　　本　889mm×1194mm　1/16
印　　　张　8
字　　　数　170千字
版　　　次　2024年9月第1版
印　　　次　2024年9月第1次
定　　　价　198.00元
广告经营许可证　京西工商广字第8179号

中国经济出版社　网址 http://epc.sinopec.com/epc/　社址 北京市东城区安定门外大街58号　邮编 100011
本版图书如存在印装质量问题，请与本社销售中心联系调换（联系电话：010-57512564）

版权所有　盗版必究（举报电话：010-57512600）
国家版权局反盗版举报中心（举报电话：12390）　服务热线：010-57512564

编委会
Editorial Board

主　　任　　于海宇　李　昇

副 主 任　　胡成东　王　慜　张益国　辛颂旭

主　　编　　熊　力　陈荣波　张　文　李炉锋　张家杭
　　　　　　　　郭诚朴　袁　泉　陈德群　刘宇恒　刘伟庆
　　　　　　　　张云龙　段林作　王碧灿　邓振辰　曾柱楷
　　　　　　　　陈　龙　赵杰君　方卫民　韩晨晖　汪　阳

副 主 编　　王沁东　张　涵　乔　勇　呼志远　冀　昊

审　　核　　王　潇　谢宏文　姜　海　李少彦　赵俊鹏

前言
Foreword

全球能源发展加速调整与变革,积极发展清洁能源、推动经济社会绿色低碳转型,已经成为国际社会应对气候变化的普遍共识。内蒙古自治区坚决贯彻落实党中央、国务院对内蒙古的战略定位和行动纲领,积极融入和服务构建新发展格局,坚持以生态优先、绿色发展为导向,持续完善可再生能源的顶层设计和制度体系,大力发展绿色能源,全面建设好国家重要能源基地。在全行业的共同努力下,"十四五"以来,内蒙古自治区可再生能源发展提速换挡,在开发规模、运行质量、技术水平、产业竞争力等方面均实现新突破。

作为国家重要能源和战略资源基地之一,内蒙古自治区始终高度重视、全面统筹能源安全和低碳转型,以新能源全产业链发展引领产业体系结构优化,加快现代能源体系构建,全面建设国家现代能源经济示范区。2023年,内蒙古自治区以新能源为主体的可再生能源发展再获新突破。全区全年新能源新增装机容量3141万千瓦,占全国新能源新增装机容量的10.6%;年末新能源总装机容量达到9323万千瓦,占全国新能源总装机容量的9.1%;新能源年发电量1665亿千瓦时,占全国新能源总发电量的10.2%。新能源新增装机容量、总装机容量、发电量位列全国第一。可再生能源在优化能源结构中的作用不断增强,发展质量得到较大提升。截至2023年底,内蒙古自治区可再生能源总装机容量9564万千瓦,占全区电源装机容量比重达到44.3%;可再生能源年发电量1710亿千瓦时,占全区总发电量比重达到22.6%,能源绿色转型升级稳步推进。

2024年是新中国成立75周年,是深入实施"四个革命、一个合作"能源安全新战略十周年,是完成"十四五"规划目标任务的关键一年。内蒙古自治区不断加强前瞻性思考、全局性谋划、战略性布局,着力构建新型能源体系和"三北"重点生态工程建设,纵深推进防沙治沙与风电光伏开发有机结合,因地制宜全面落实科学协调可持续发展。充分发挥新能源消纳在推动新能源大规模开发、高比例应用方面的关键作用,培育和壮大新质生产力,大力推进传统能源存量替代、绿电增量供给、跨区域新能源合作、增量配电网消纳新能源等工程。深度挖掘绿色能源就地消纳潜力，激发市场活力，推动绿色交通、绿氢、绿氨等下游产业链的快速延伸，多元化拓展新能源应用新领域、新场景。加快火电灵活性改造，源网荷储一体化，抽水蓄能、新型储能、风光制氢等可调节性电源及配套设施建设，持续完善形成稳定安全、绿色低碳的电力系统。

《内蒙古自治区可再生能源发展报告 2024》由内蒙古自治区能源局和水电水利规划设计总院联合编写，全面总结了内蒙古自治区可再生能源发展成就，分析研判未来发展趋势，为全区可再生能源发展提出切实可行的建议。在报告编写过程中，得到各盟市能源主管部门、相关企业、有关机构的大力支持和指导，在此谨致衷心感谢。

内蒙古自治区能源局

水电水利规划设计总院

2024 年 8 月

目 录 Content

1 发展综述

- 1.1 2023年可再生能源发电装机容量 ... 3
- 1.2 2023年可再生能源发电量 ... 5

2 发展形势

- 2.1 世界可再生能源发展形势 ... 9
- 2.2 中国可再生能源发展整体形势 ... 9
- 2.3 内蒙古自治区可再生能源装机容量及发电量稳步增长 ... 10
- 2.4 风光发电保持内蒙古自治区可再生能源发电主体地位 ... 12
- 2.5 内蒙古自治区常规水电和抽水蓄能电站有序发展 ... 14
- 2.6 跨盟市新能源合作有力推进 ... 14
- 2.7 内蒙古自治区新能源市场化发展迅速 ... 14

3 风电	15
3.1 前期管理	17
3.2 资源概况	17
3.3 发展现状	18
3.4 投资建设	24
3.5 运行消纳	24
3.6 技术进步	26
3.7 发展趋势及特点	27
3.8 发展建议	28

4 太阳能发电	31
4.1 前期管理	33
4.2 资源概况	33
4.3 发展现状	34
4.4 投资建设	40
4.5 运行消纳	41
4.6 技术进步	43
4.7 发展趋势及特点	44
4.8 发展方向	45

5 抽水蓄能	47
5.1 发展基础	49
5.2 发展现状	49
5.3 投资动态	51
5.4 建设管理	51
5.5 运行监测	51
5.6 技术进步	52
5.7 发展特点	53
5.8 发展趋势	53
5.9 发展建议	54

6 生物质能 — 55

- 6.1 资源概况 — 57
- 6.2 发展现状 — 57
- 6.3 前期管理 — 58
- 6.4 投资建设 — 60
- 6.5 运行消纳 — 60
- 6.6 技术进步 — 61
- 6.7 发展趋势及特点 — 62
- 6.8 发展建议 — 62

7 地热能 — 65

- 7.1 资源概况 — 67
- 7.2 发展现状 — 68
- 7.3 前期管理 — 69
- 7.4 发展特点 — 70
- 7.5 发展趋势 — 70
- 7.6 发展建议 — 71

8 新型储能 — 75

- 8.1 发展现状 — 77
- 8.2 重点项目 — 79
- 8.3 产业布局 — 79
- 8.4 发展建议 — 80

9 氢能 — 81

- 9.1 发展现状 — 83
- 9.2 技术水平 — 85
- 9.3 发展趋势及特点 — 86
- 9.4 发展建议 — 87

| 10 | 市场化并网消纳新能源项目 | 89 |

11	防沙治沙和风电光伏一体化工程	95
11.1	内蒙古自治区光伏治沙行动实施方案	97
11.2	防沙治沙和风电光伏一体化工程推进方案	98

12	政策要点	99
12.1	综合类政策	101
12.2	可再生能源类政策	102

| 13 | 热点研究 | 105 |

| 14 | 十大典型突破 | 111 |

1 发展综述

1 发展综述

2023年，内蒙古自治区坚定不移走以生态优先、绿色发展为导向的高质量发展新路子，坚决扛起建设国家重要能源和战略资源基地的重大责任，加快推动能源绿色低碳发展，全力以赴保障能源供应，为国家能源供应稳定、促进经济社会发展做出重要贡献。2023年，全区持续加强能源生产供应能力，能源保障能力进一步提升，能源产业作为自治区当家产业的地位稳固，实现能源领域"10个全国第一"，分别是：新能源总装机、新能源新增装机、新能源发电量第一，电力总装机、电力新增装机、电力发电量、外送电量第一，煤炭外运量、煤炭保供任务完成量第一，煤制气产能第一。取得"3个突破"，分别是：能源及新能源装备制造项目投资突破3000亿元、新能源总装机规模突破9000万千瓦、电力总装机规模突破2亿千瓦。

2023年国家下达的内蒙古自治区可再生能源电力消纳责任权重最低值为23.0%，全区年实际完成值约为26.3%，超出国家下达指标3.3个百分点。

1.1 2023年可再生能源发电装机容量

截至2023年底，全区各类电源总装机容量21567万千瓦，同比增长27.5%。其中，常规火电装机容量11774万千瓦，同比增长12.6%；可再生能源发电装机容量9564万千瓦，同比增长48.9%，达到全部电力装机容量的44.3%。可再生能源发电装机容量中，水电装机容量241万千瓦（含抽水蓄能装机容量120万千瓦），同比持平；风电装机容量6961万千瓦，同比增长52.4%；太阳能发电装机容量2307万千瓦，同比增长47.1%；生物质发电装机容量55万千瓦，同比增长19.6%。各类电源装机容量变化及占比见表1.1和图1.1~图1.2。

表1.1 2023年和2022年各类电源累计装机容量

电源类型	装机容量/万千瓦		同比增长率/%
	2023年	2022年	
总装机容量	21567	16915	27.5
可再生能源发电装机容量	9564	6423	48.9
风电装机容量	6961	4568	52.4
太阳能发电装机容量	2307	1568	47.1

续表

电源类型	装机容量 / 万千瓦		同比增长率 /%
	2023 年	2022 年	
水电装机容量	241	241	0
其中：抽水蓄能装机容量	120	120	0
生物质发电装机容量	55	46	19.6
常规火电装机容量	11774	10457	12.6
其他	229	35	554.3

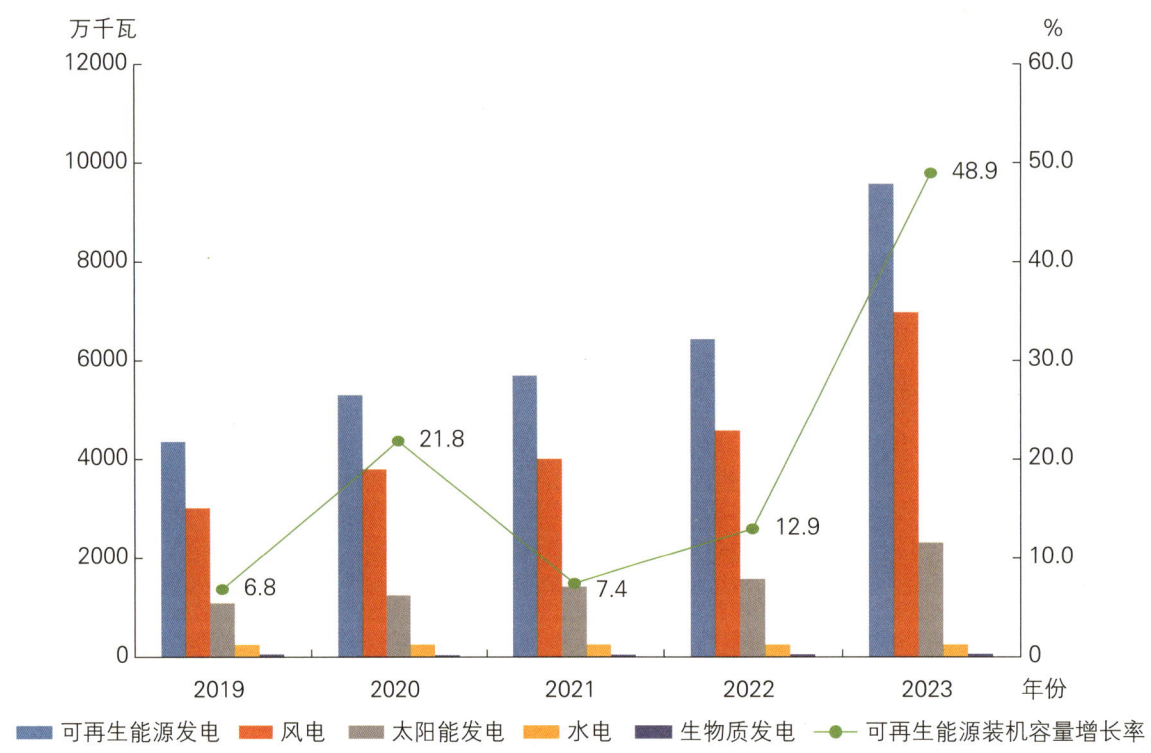

图 1.1　2019—2023 年内蒙古自治区可再生能源发电装机容量及增长率

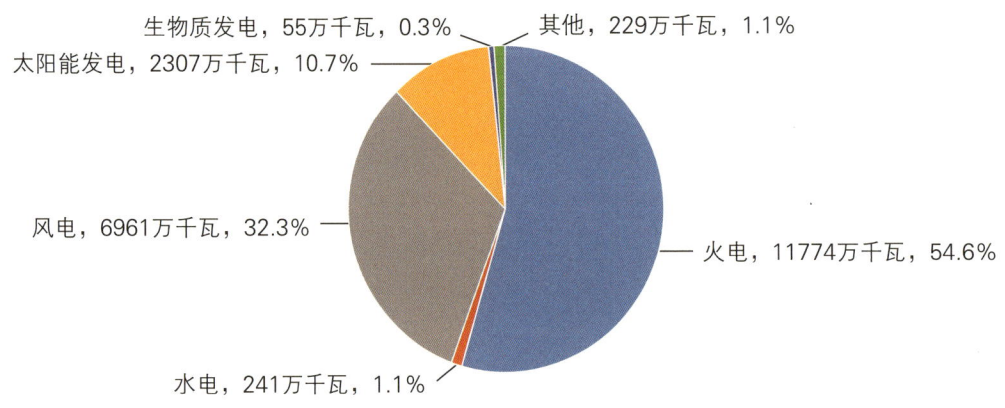

图 1.2　2023 年内蒙古自治区各类电源装机容量及占比

分区域看，蒙东地区 2023 年可再生能源发电装机容量 2569 万千瓦（其中风电装机容量 2070 万千瓦、光伏装机容量 437 万千瓦、水电装机容量 30 万千瓦、生物质发电装机容量 32 万千瓦），占蒙东电力总装机容量的 53.7%；蒙西地区 2023 年可再生能源发电装机容量 6995 万千瓦（其中风电装机容量 4891 万千瓦、光伏装机容量 1860 万千瓦、光热装机容量 10 万千瓦、水电装机容量 211 万千瓦、生物质发电装机容量 23 万千瓦），占蒙西电力总装机容量的 42.1%。

2021—2023 年，全区可再生能源发电新增装机容量共计 4268 万千瓦，占全部新增装机容量的比重超过 61.8%，完成原定"十四五"可再生能源发电新增装机容量目标 0.82 亿千瓦的 52.1%。

1.2　2023 年可再生能源发电量

2023 年，内蒙古自治区各类电源全口径总发电量 7566 亿千瓦时，同比增长 16.8%。其中，火电发电量 5856 亿千瓦时；可再生能源发电量 1710 亿千瓦时，同比增长 24.1%，占总发电量的 22.6%。可再生能源发电量中，水电发电量 45 亿千瓦时，风电发电量 1355 亿千瓦时，太阳能发电量 291 亿千瓦时，生物质发电量 20 亿千瓦时。各类电源发电量变化及占比见表 1.2 和图 1.3~图 1.4。

表 1.2　2023 年与 2022 年各类电源发电量一览

电源类型	发电量 / 亿千瓦时		同比增长率 /%
	2023 年	2022 年	
总发电量	7566	6479	16.8
可再生能源发电	1710	1378	24.1
风电	1355	1077	25.8
太阳能发电	291	245	18.8
水电	45	43	4.7
生物质发电	20	14	42.9
火电	5856	5101	14.8

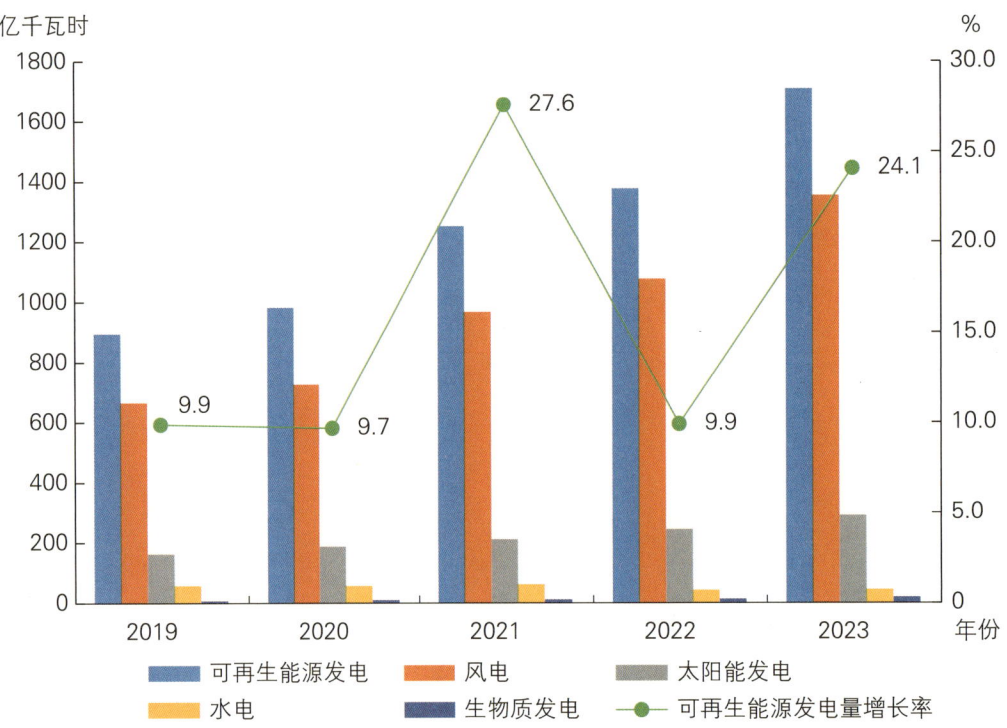

图 1.3　2019—2023 年内蒙古自治区可再生能源发电量及增长率变化对比

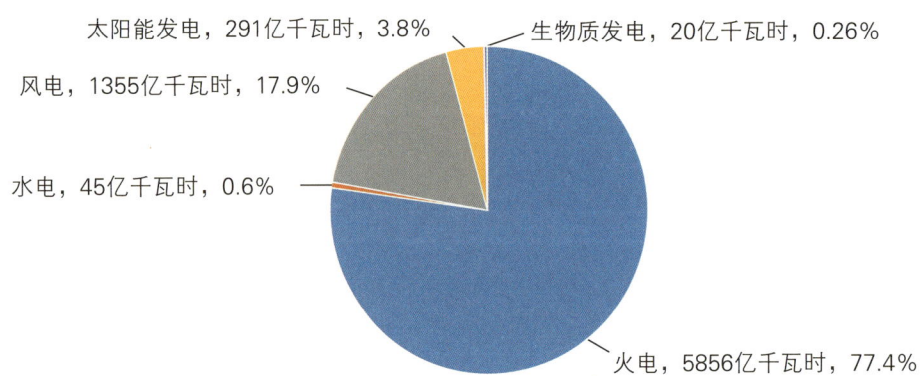

图 1.4　2023 年内蒙古自治区各类电源年发电量及占比

2　发展形势

2.1 世界可再生能源发展形势

2023 年，在地缘冲突、气候变化、汇率波动、能源安全等多种因素影响下，全球经济增长乏力，国际能源格局加速演变。日韩等经济体在节电的同时重启核电，印度煤炭进口数量一度创历史新高，部分能源依靠进口的新兴经济体和欠发达经济体不得不与发达经济体高价竞购能源。《联合国气候变化框架公约》第二十八次缔约方大会（COP28）上，198 个缔约方共同呼吁各国积极采取行动，加快可再生能源发展，并扩大对气候适应的投资。

2023 年，全球可再生能源保持高增长态势，新增装机容量达到 4.7 亿千瓦，增长率达 13.9%。其中，中国可再生能源全年新增装机容量约 3.03 亿千瓦，在全球新增可再生能源装机容量中贡献过半，居全球首位。截至 2023 年底，全球可再生能源总装机容量约 38.7 亿千瓦。其中，中国可再生能源装机容量约 15.2 亿千瓦，位列全球第一。得益于太阳能发电量和风力发电量的增长，全球可再生能源发电量在全年能源发电量中的占比达到了前所未有的 30%。国际能源署预测，在现有政策和市场条件下，到 2028 年全球可再生能源装机容量将达到 73 亿千瓦。可再生能源将成为全球最主要的电力来源，有利于加快全球碳排放减少和能源结构绿色转型，以更好地应对气候变化。

2.2 中国可再生能源发展整体形势

2023 年，中国可再生能源新增装机容量保持快速增长，可再生能源发电装机容量（15.2 亿千瓦）占全国发电总装机容量（29.2 亿千瓦）比例历史性超过 50%。目前，全球前十风电厂商中，中国企业占 6 家；全球前十光伏组件企业中，中国企业占 7 家。中国风电、光伏产业链处于全球领先位置，为我们化挑战为机遇、实现可再生能源高质量快速发展提供了良好条件。

"十四五"以来，我国现代能源体系构建初见成效。经初步测算，"十四五"前三年累计节约化石能源消耗约 3.4 亿吨标准煤，减少二氧化碳排放约 9 亿吨。2023 年是全面贯彻落实党的二十大精神的开局之年，是"十四五"规划承上启下的关键之年，我国可再生能源继续保持高速度发展、高比例利用、高质量消纳的良好态势。2023 年，全国可再生能源新增装机容量同比增长 103%，占全国新增电力总装机容量的84.9%。在全球能源转型的大背景下，我国可再生能源发展取得了令人瞩目的成就，在全球的领先优势更加稳固。

2023年国务院政府工作报告中明确提出，推进能源清洁高效利用和技术研发，加快建设新型能源体系，提升可再生能源占比，完善支持绿色发展的政策和金融工具，发展循环经济，推进资源节约集约利用，推动重点领域节能降碳减污，持续打好蓝天、碧水、净土保卫战。

综合来看，随着我国能源生产和消费革命的加快推进，可再生能源生产质量逐步提高，可再生能源消费基本保持稳定增长态势，逐步由补充能源上升为替代能源乃至主导能源。在可再生能源生产方面，随着技术进步、成本下降和系统灵活性提升，以风电、光伏发电为主体的新能源逐渐成为可再生能源增量主体，常规水电、抽水蓄能开发潜力仍然巨大，开发建设按规划有序推进。总体来看，我国新能源发电量在全国总发电量中的占比仍低于世界平均水平，仍有较大发展空间。

2.3 内蒙古自治区可再生能源装机容量及发电量稳步增长

作为国家重要能源和战略资源基地之一，内蒙古自治区依托风能、太阳能资源优势，大力开发风能、太阳能等可再生能源，积极推动能源结构转型，在促进能源发展、保障能源生产方面发挥了重要作用。可再生能源作为国家能源转型的重要组成部分和未来电力增量的主体，受到内蒙古自治区高度重视，近年来全区可再生能源发电装机容量和发电量保持稳步增长。

2019—2023年，内蒙古自治区可再生能源装机容量从2019年的4348万千瓦提升到2023年的9564万千瓦，年均增长率达到12.08%，占全区电力总装机比重从33.3%提升到44.3%，提高11个百分点。

2019—2023年，内蒙古自治区可再生能源发电装机容量及新增装机容量变化见表2.1和图2.1。从装机容量增量来看，2019—2023年可再生能源新增装机容量均超过200万千瓦，2023年突破性超过3000万千瓦，在总新增装机容量中占比均超过30%。2023年新增可再生能源装机容量在总新增装机容量中占比达到67.7%，较2022年（50.4%）提升较大，保持较高增长水平。

表2.1　2019—2023年内蒙古自治区可再生能源发电装机容量及新增装机容量一览

年份	可再生能源装机容量/万千瓦	电力总装机容量/万千瓦	可再生能源装机容量占比/%	新增可再生能源装机容量/万千瓦	新增电力总装机容量/万千瓦	新增装机中可再生能源占比/%
2019	4348	13048	33.3	272	764	35.6
2020	5296	14650	36.2	948	1602	59.2
2021	5688	15484	36.7	392	834	47.0
2022	6423	16915	37.9	708	1404	50.4
2023	9564	21567	44.3	3141	4652	67.7

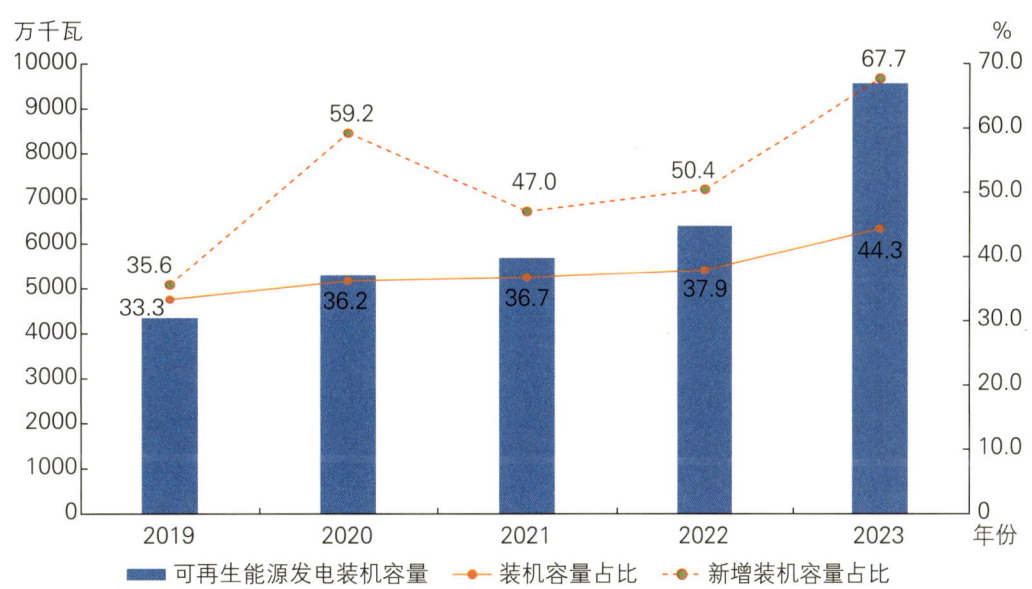

图2.1　2019—2023年内蒙古自治区可再生能源发电装机容量、新增装机容量及占比

全区可再生能源发电量由2019年的896亿千瓦时提升到2023年的1710亿千瓦时，年均增长率达到16.2%，在全区总发电量中占比从2019年的16.4%提升到2023年的22.6%。

2019—2023年，内蒙古自治区可再生能源发电量及新增发电量变化见表2.2和图2.2。从发电量增量来看，可再生能源发电量增量在总新增发电量中占比保持较高水平，2023年可再生能源发电量增量在总新增发电量中占比为30.5%。

表 2.2 2019—2023 年内蒙古自治区可再生能源发电量及新增发电量一览

年份	可再生能源发电量 /亿千瓦时	总发电量 /亿千瓦时	可再生能源发电量占比 /%	新增可再生能源发电量 /亿千瓦时	总新增发电量 /亿千瓦时	新增发电量中可再生能源占比 /%
2019	896	5452	16.4	81	447	18.1
2020	983	5700	17.2	87	248	35.1
2021	1253	6010	20.8	270	310	87.1
2022	1378	6479	21.3	125	469	26.7
2023	1710	7566	22.6	332	1087	30.5

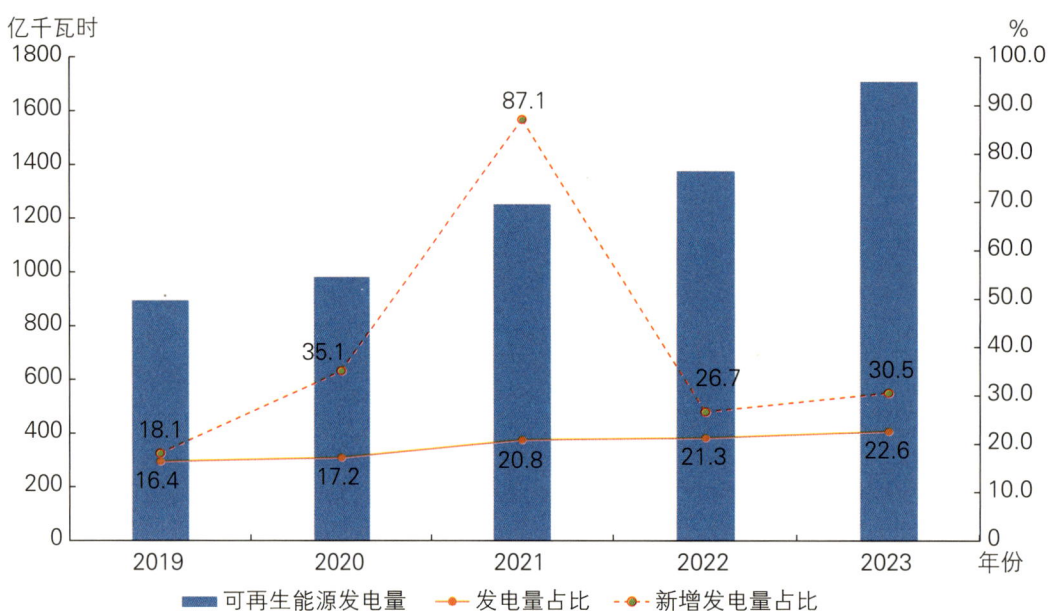

图 2.2 2019—2023 年内蒙古自治区可再生能源发电量、新增发电量及占比

2.4 风光发电保持内蒙古自治区可再生能源发电主体地位

内蒙古自治区立足自身风光资源优势，全力推进风力发电、太阳能发电大规模、高比例开发利用，力争在全国率先建成以新能源为主体的能源供给体系，率先构建以新能源为主体的新型电力系统，到 2025 年，新能源装机容量超过火电装机容量。到 2030 年，新能源发电总量超过火电发电总量，加快推动全区绿色低碳发展。

2019—2023年，内蒙古自治区风力发电、太阳能发电发展迅速，装机容量及发电量在全区可再生能源总装机容量及发电量中的占比保持较高水平，如图2.3和图2.4所示。截至2023年底，内蒙古自治区可再生能源装机容量达9564万千瓦，其中风力发电、太阳能发电装机容量为9268万千瓦，在可再生能源装机容量中占比达到96.9%，较2019年提高2.9个百分点；2023年可再生能源发电量1710亿千瓦时，其中风力发电、太阳能发电量1646亿千瓦时，占比96.3%，较2019年提高3.7个百分点。近5年，风力发电、太阳能发电装机容量、发电量在可再生能源发电中的占比保持在较高水平（92%及以上），并呈现稳中有升的态势。

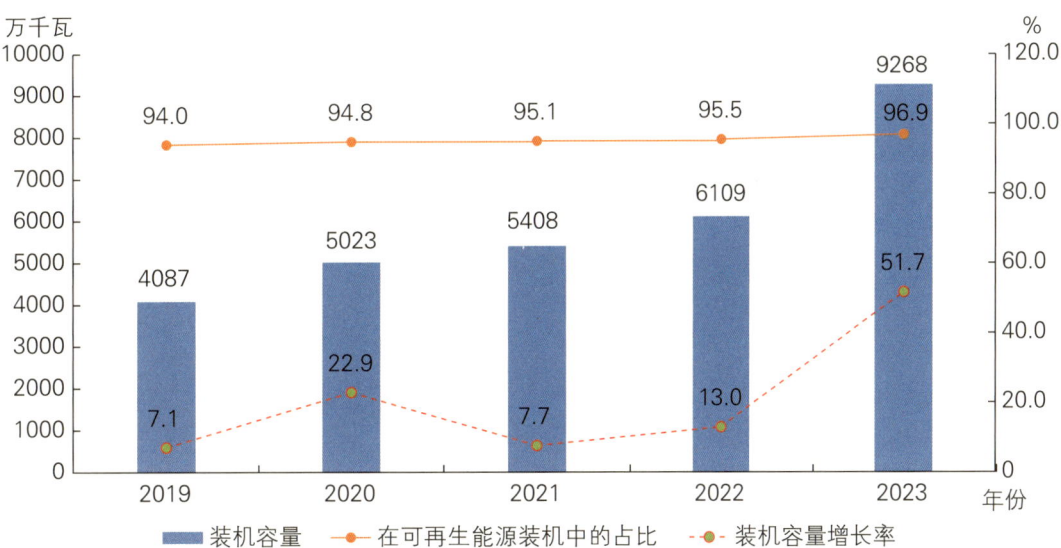

图2.3　2019—2023年内蒙古自治区风电、太阳能发电装机容量及占比

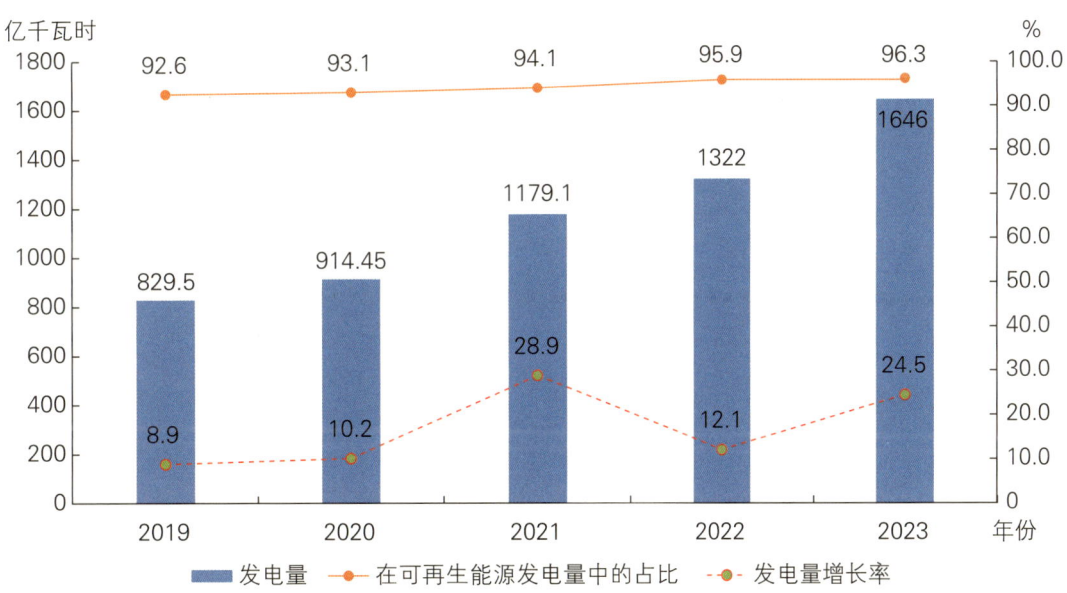

图2.4　2019—2023年内蒙古自治区风电、太阳能发电量及占比

2.5 内蒙古自治区常规水电和抽水蓄能电站有序发展

内蒙古自治区高度重视抽水蓄能发展进度，各抽水蓄能项目平稳推进。2024 年，国家能源局认定内蒙古自治区服务电力系统抽水蓄能发展需求规模 2220 万千瓦。截至 2023 年底，全区在运抽水蓄能项目 1 个，为内蒙古电力公司呼和浩特 120 万千瓦抽水蓄能电站，全年累计发电量达到 14 亿千瓦时；在建抽水蓄能项目 2 个，分别为赤峰芝瑞 120 万千瓦项目和乌海 120 万千瓦项目。

2.6 跨盟市新能源合作有力推进

内蒙古自治区稳步提升自用新能源消纳水平，开展跨盟市合作，促进资源和要素跨区域优化配置，加快绿色能源有效开发和消纳利用。在呼和浩特、包头、乌海及周边等地区积极探索跨盟市新能源互济方式，结合六类市场化新能源项目实施模式，开拓包头、呼和浩特园区绿电应用新场景，着力破解新能源资源分布与用电负荷不匹配、不平衡等问题。已批复的"阿电入乌"400 万千瓦新能源跨区域合作项目正有序推进，以乌海及周边地区为用电负荷中心，充分利用周边盟市的新能源资源，缓解乌海及周边地区快速增长的高耗能高载能产业绿电需求压力。

2.7 内蒙古自治区新能源市场化发展迅速

2022 年 7 月起，内蒙古自治区能源局陆续印发了工业园区绿色供电项目、全额自发自用新能源项目、火电灵活性改造消纳新能源项目、源网荷储一体化项目、燃煤自备电厂可再生能源替代工程和风光制氢一体化示范项目六类市场化并网消纳新能源项目实施细则，优先推动新能源市场化，以加快新增负荷绿电供给促进新能源消纳，带动内蒙古自治区产业转型升级。

2023 年是市场化项目实施后的第一个完整年，为提升可再生能源开发水平和利用效率，加快优化调整能源结构，构建清洁低碳安全高效的能源体系，内蒙古自治区结合市场化新能源项目的实施经验，对六类市场化项目实施细则进行修订，出台了六类市场化项目实施细则 2023 年版，进一步完善市场化项目模式。截至 2023 年底，全区共批复各类市场化项目 182 个，总装机容量 6894 万千瓦（包含已废止项目）。

3 风电

3.1 前期管理

在碳达峰、碳中和的目标下，我国提出大力发展可再生能源，在沙漠、戈壁、荒漠地区加快规划建设大型风电光伏基地。内蒙古自治区风能资源丰富，截至 2023 年底，风电装机容量占全区电力总装机容量的 32.3%，是内蒙古自治区可再生能源发展的主力。

修订新能源发展目标

2023 年 10 月，内蒙古自治区人民政府办公厅印发了《内蒙古自治区新能源倍增行动实施方案》，重新调整了发展目标，进一步明确风电发展方向。力争到 2025 年，全区新能源发电装机容量达到 1.5 亿千瓦以上，发电量达到 3000 亿千瓦时。其中，风电装机容量超过 9800 万千瓦，发电量达到 2200 亿千瓦时。

3.2 资源概况

内蒙古自治区风能资源丰富，是全国风能资源最丰富的区域之一。全区 70 米高度风能资源量约为 15 亿千瓦，居全国首位。根据中国气象局风能太阳能中心发布的《2023 年中国风能太阳能资源年景公报》，2023 年全国 70 米高度年平均风功率密度分布接近 10 年（2014—2023 年）平均值。2023 年，内蒙古自治区 70 米高度年平均风速 6.47 米 / 秒，年平均风功率密度 285 瓦 / 米^2（见图 3.1），与最近 10 年基本持平，是全国平均风速和平均风功率密度最大的省份。

内蒙古自治区大部分地区 70 米高度处年平均风速在 6 米 / 秒以上，是风力发电可利用的理想风速。从整体看，内蒙古自治区东北部及西南部年平均风速相对较小，具体地区包括呼伦贝尔市北部、阿拉善盟南部、巴彦淖尔市南部、乌海市、鄂尔多斯市及呼和浩特市。从年平均风速强度及分布面积看，巴彦淖尔市北部、包头市、乌兰察布市、锡林郭勒盟南部、赤峰市大部分地区、通辽市北部、兴安盟及呼伦贝尔市中南部一带是内蒙古自治区风能资源丰富集中的地区。

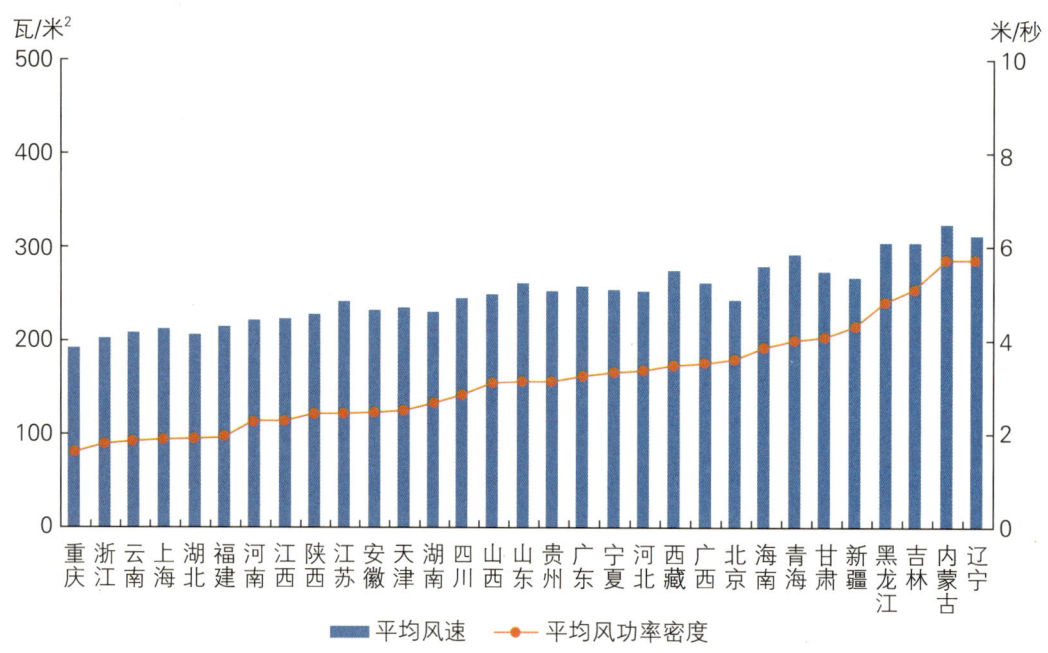

图 3.1　2023 年各省（区、市）陆地 70 米高度年平均风速和平均风功率密度

结合内蒙古自治区风能资源分布、地类属性、限制性因素及当前风电建设用地政策等初步分析，全区现阶段剩余风电经济技术可开发量约 3.2 亿千瓦，能够满足当前阶段风电大规模快速发展需求。

3.3 发展现状

装机容量持续增长

2023 年，内蒙古自治区风电新增并网装机容量 2393 万千瓦（见图 3.2），其中 6 兆瓦以上风电场装机容量 2390 万千瓦，新增装机容量较 2022 年提升明显。经初步统计，蒙东地区风电新增并网装机容量为 567 万千瓦；蒙西地区风电新增并网装机容量为 1826 万千瓦。全区风电累计并网装机容量达 6961 万千瓦，同比增长 52.4%。6 兆瓦及以上风电场累计并网装机容量达 6954 万千瓦，其中，蒙东地区累计并网装机容量达 2062 万千瓦，同比增长 37.7%；蒙西地区累计并网装机容量达 4892 万千瓦，同比增长 59.3%。截至 2023 年底，风电累计并网装机容量约占全部电源累计装机容量的 32.3%，较 2022 年占比提升 5.4 个百分点。

2023 年，内蒙古自治区 12 个盟市均有新增风电并网装机。其中，锡林郭勒盟新增并网装机容量 719 万千瓦，为新增并网装机容量最多的盟市，占全区新增并网装机容量的 30.1%。分盟市看，内蒙古自治区风电装机主要集中在锡林郭勒盟、乌兰察布市、通辽市、巴彦淖尔市、包头市、

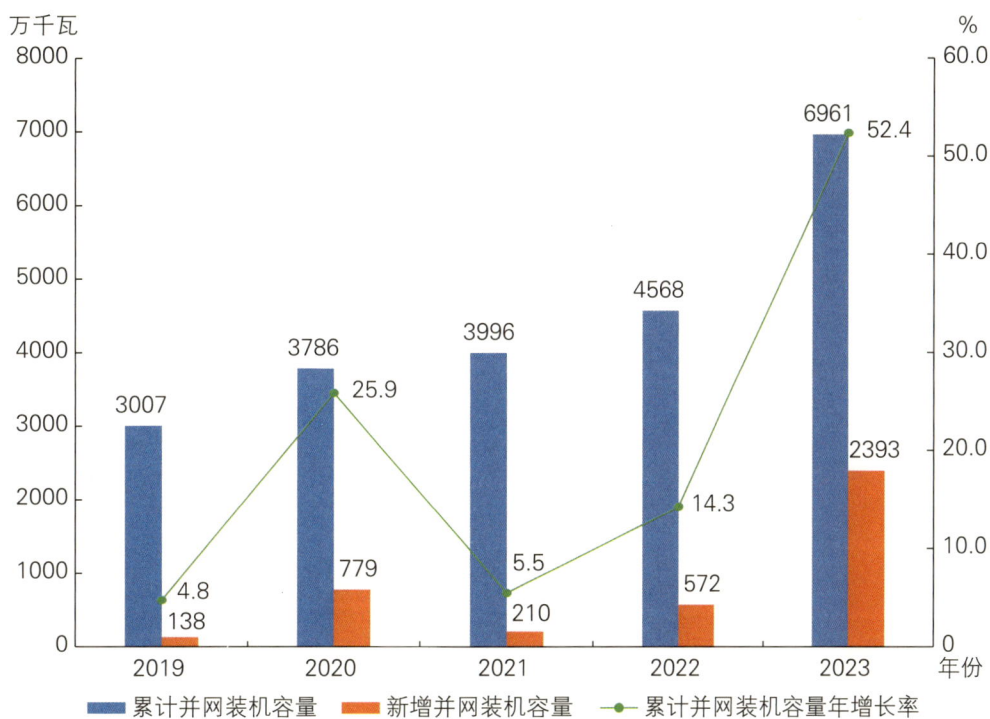

图 3.2 2019—2023 年内蒙古自治区风电装机容量及变化趋势

赤峰市和兴安盟 7 个盟市，2023 年底累计并网装机容量均超过 500 万千瓦，其中超过 800 万千瓦的盟市有 3 个，分别是锡林郭勒盟、乌兰察布市、通辽市（见图 3.3）。

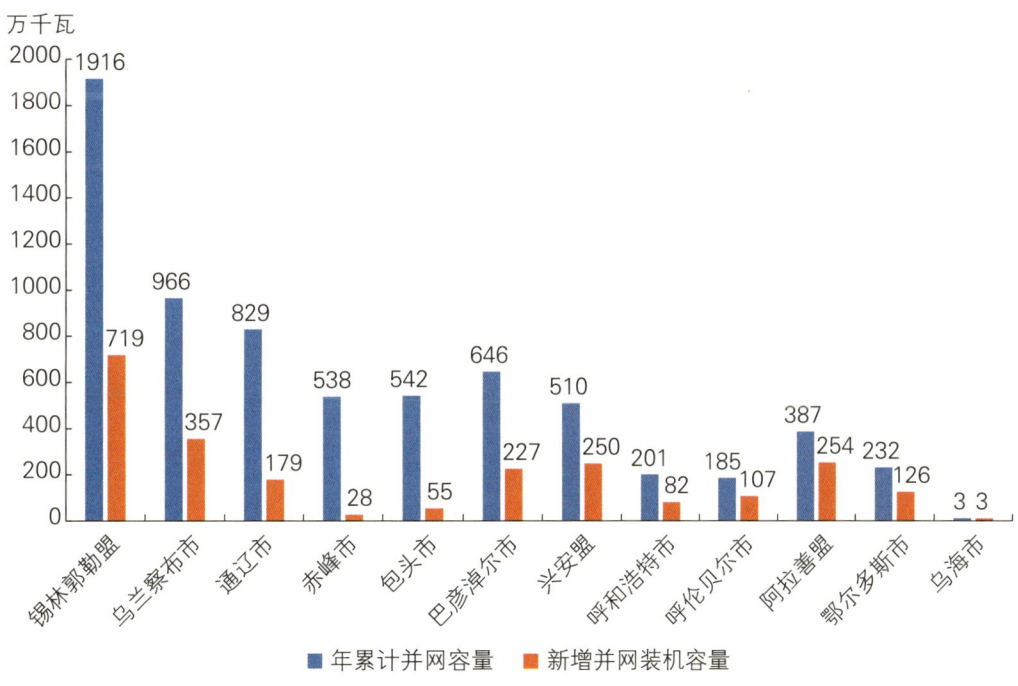

图 3.3 2023 年内蒙古自治区各盟市风电装机容量

分旗县看，6兆瓦以上风电场累计并网装机容量超过100万千瓦的旗县有23个，包括巴彦淖尔市乌拉特中旗、乌拉特后旗；包头市固阳县、达尔罕茂明安联合旗；赤峰市克什克腾旗、翁牛特旗；呼和浩特市武川县；通辽市科左中旗、开鲁县和扎鲁特旗；乌兰察布市察哈尔右翼中旗、化德县和四子王旗；兴安盟科右前旗、突泉县；阿拉善盟阿拉善左旗；鄂尔多斯市杭锦旗；锡林郭勒盟阿巴嘎旗、锡林浩特市、苏尼特左旗、正镶白旗、太仆寺旗和正蓝旗。累计并网装机容量大于等于50万千瓦的旗县有35个（见表3.1）。

表3.1 2023年内蒙古自治区各盟市风电装机容量（6兆瓦以上电站）

区域	盟市	2023年底累计并网装机容量/万千瓦	2023年新增并网装机容量/万千瓦	累计并网大于等于50万千瓦的旗县	装机容量/万千瓦
蒙东地区	赤峰市	538	28	克什克腾旗	223
				松山区	66
				翁牛特旗	125
				阿鲁科尔沁旗	61
	呼伦贝尔市	185	108	扎兰屯市	50
	通辽市	829	180	科左中旗	127
				科左后旗	75
				开鲁县	262
				扎鲁特旗	230
				奈曼旗	70
	兴安盟	509	250	科右中旗	51
				科右前旗	120
				乌兰浩特市	56
				突泉县	260
蒙西地区	阿拉善盟	387	254	阿拉善左旗	264
	巴彦淖尔市	646	227	乌拉特中旗	306
				乌拉特后旗	269
	包头市	542	55	固阳县	135
				达尔罕茂明安联合旗	327

续表

区域	盟市	2023年底累计并网装机容量/万千瓦	2023年新增并网装机容量/万千瓦	累计并网大于等于50万千瓦的旗县	装机容量/万千瓦
蒙西地区	鄂尔多斯市	232	126	杭锦旗	120
	呼和浩特市	201	82	武川县	163
	乌兰察布市	966	357	察哈尔右翼中旗	167
				察哈尔右翼后旗	72
				凉城县	85
				兴和县	80
				化德县	164
	锡林郭勒盟	1916	720	四子王旗	347
				阿巴嘎旗	348
				锡林浩特市	345
				苏尼特左旗	320
				正镶白旗	146
				太仆寺旗	110
				正蓝旗	131
				镶黄旗	96
				苏尼特右旗	84

全区风电开发企业以央企为主，截至2023年底，在内蒙古自治区风电累计并网装机容量排名前三的企业分别是国家能源投资集团有限责任公司、中国华能集团有限公司和国家电力投资集团有限公司，累计并网装机容量均超过500万千瓦，排名前十的企业累计并网装机容量均超过200万千瓦。五大发电集团累计并网装机容量共计3087万千瓦，接近内蒙古自治区累计并网装机容量的1/2，按照累计并网装机容量大小排序依次为国家能源投资集团有限责任公司、中国华能集团有限公司、国家电力投资集团有限公司、中国大唐集团有限公司、中国华电集团有限公司。区内国企中，内蒙古能源集团的装机容量增长迅速，是前十中唯一的区内国企（2022年未进前十）。详见图3.4。

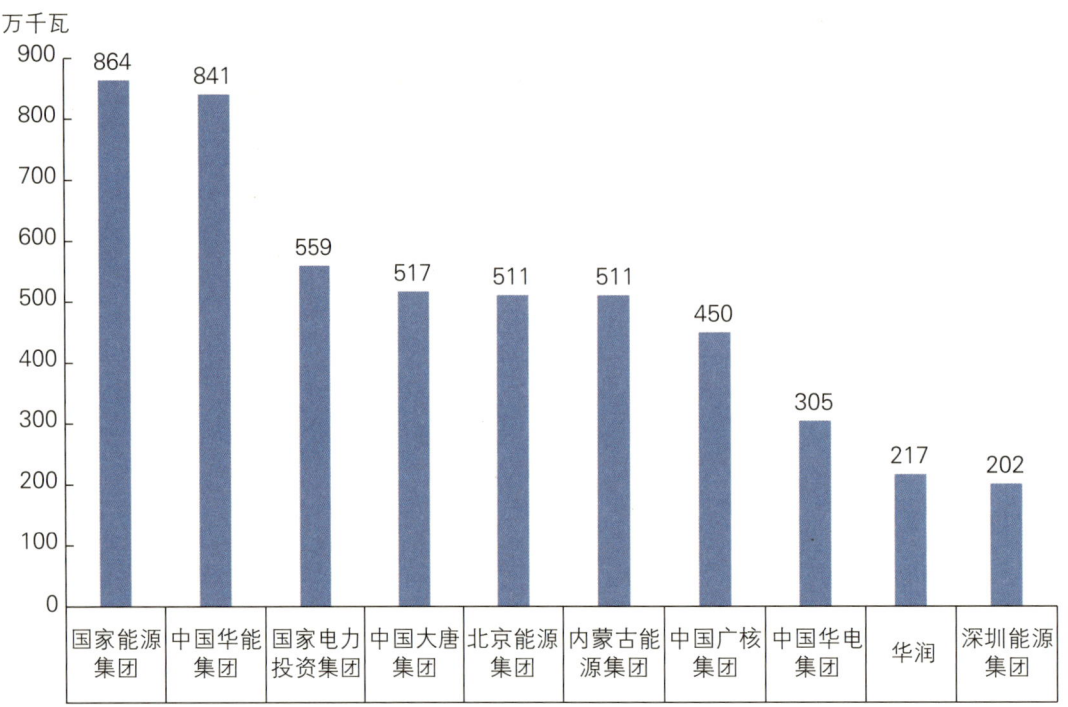

图 3.4　截至 2023 年底在内蒙古自治区风电累计装机容量排名前十位的开发企业

对内蒙古自治区内各类新能源开发企业进行分类统计，截至 2023 年底，在内蒙古自治区各类开发企业中，央企累计并网装机容量占比超过 60%，区外国企与区外民企累计并网装机容量占比均超过 10%，区内国企与区内民企占比较少，均未超过 10%（见图 3.5）。

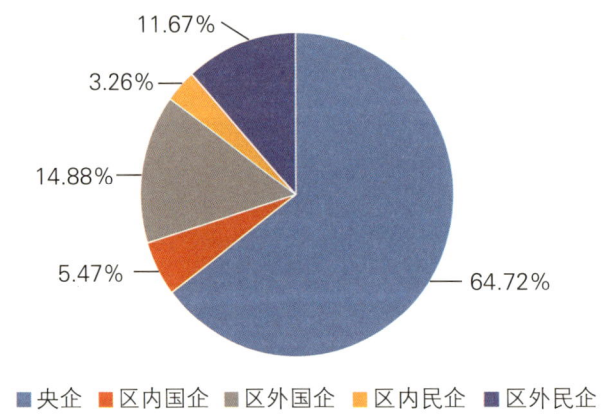

图 3.5　截至 2023 年底在内蒙古自治区各类新能源开发企业占比

发电量增长稳定

风电年发电量在全区电源年总发电量中的占比稳步增长。2023 年，全区风电发电量达到 1355 亿千瓦时，同比增长 25.8%，增幅较大；占全区电源年发电总量的 17.9%，较 2022 年增长 1.3 个百分点，占比稳步提升（见图3.6）。

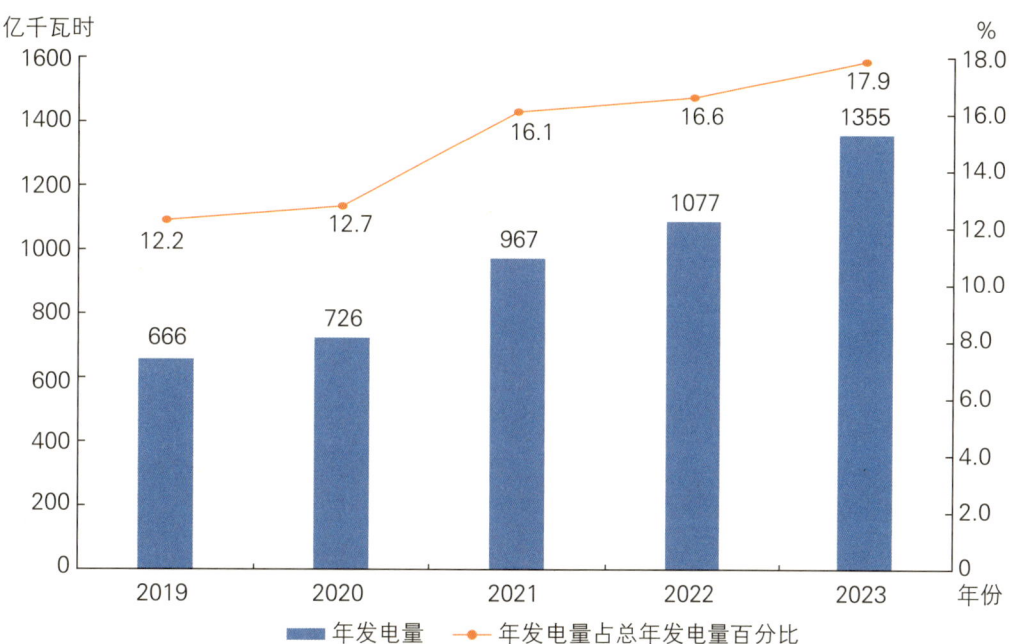

图3.6 2019—2023年内蒙古自治区风电年发电量及占比变化趋势

分盟市看，2023年，赤峰市、通辽市、包头市、呼和浩特市等11个盟市年发电量同比均有不同程度增长（见图3.7）。其中，鄂尔多斯市增幅最为明显，超过了350%。乌海市风电并网装机

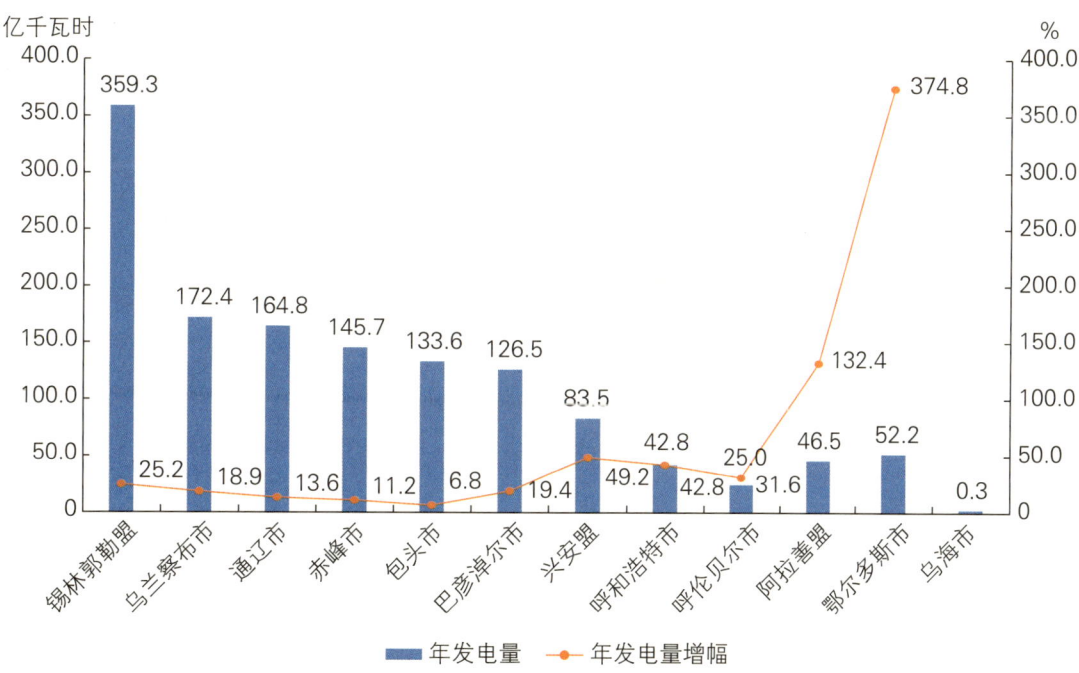

图3.7 2023年内蒙古自治区各盟市风电年发电量及年发电量增幅

容量最少，年发电量仅 0.3 亿千瓦时。年发电量超过 100 亿千瓦时的有锡林郭勒盟、乌兰察布市、通辽市、赤峰市、包头市和巴彦淖尔市。

3.4 投资建设

2023 年风电市场设备供需关系扭转迅速，设备及吊装成本下降趋势明显，风电单位千瓦造价较 2022 年下降明显。2023 年内蒙古地区风电项目单位千瓦造价约 4000 元。

设备及安装工程主导风电造价

风电项目单位千瓦造价构成包括设备及安装工程、建筑工程、施工辅助工程、其他费用、基本预备费和建设期利息，如图 3.8 所示。设备及安装工程费用在内蒙古风电项目总体造价中占比最大，达到 62.00%，是项目整体造价指标的主导因素。

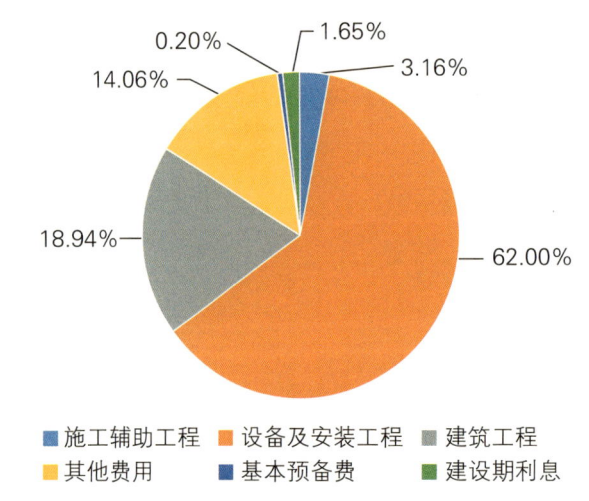

图 3.8　2023 年内蒙古自治区风电项目单位千瓦工程投资构成

3.5 运行消纳

利用小时同比下降

2023 年，内蒙古自治区风电年平均利用小时数为 2277 小时，受风电机组单机容量、年度风能资源水平、电网利用率等因素变化影响，较 2022 年减少 256 小时，同比减少 10.1%（见

图3.9）。其中，蒙东地区风电年平均利用小时数为2192小时；蒙西地区风电年平均利用小时数为2317小时。分盟市看，赤峰市、巴彦淖尔市和乌兰察布市2023年平均利用小时数位居全区前三，分别为2709小时、2603小时和2542小时（见图3.10），仅赤峰市、乌兰察布市年平均利用小时数较2022年有所增长。

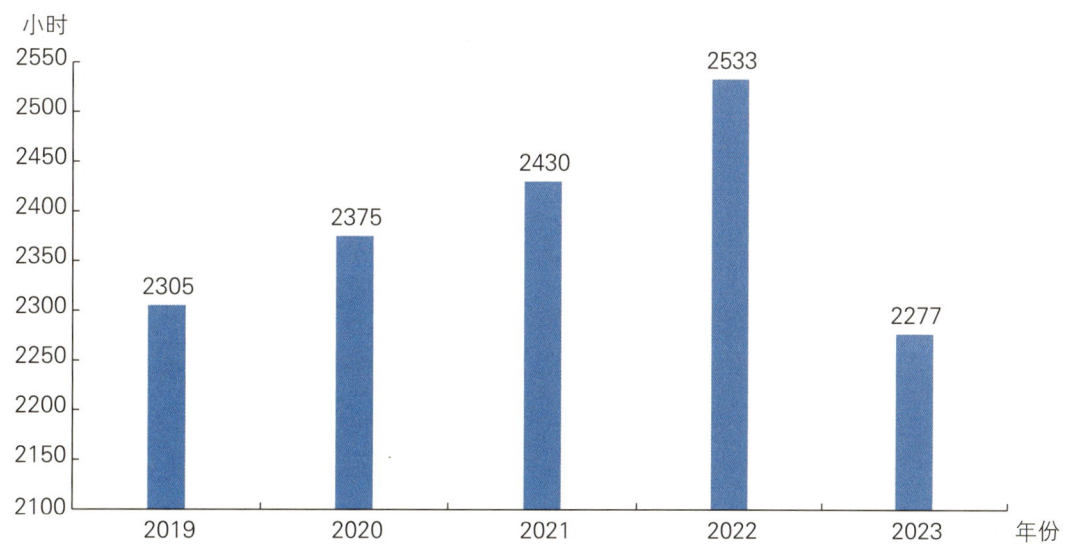

图3.9　2019—2023年内蒙古自治区风电年平均利用小时数对比

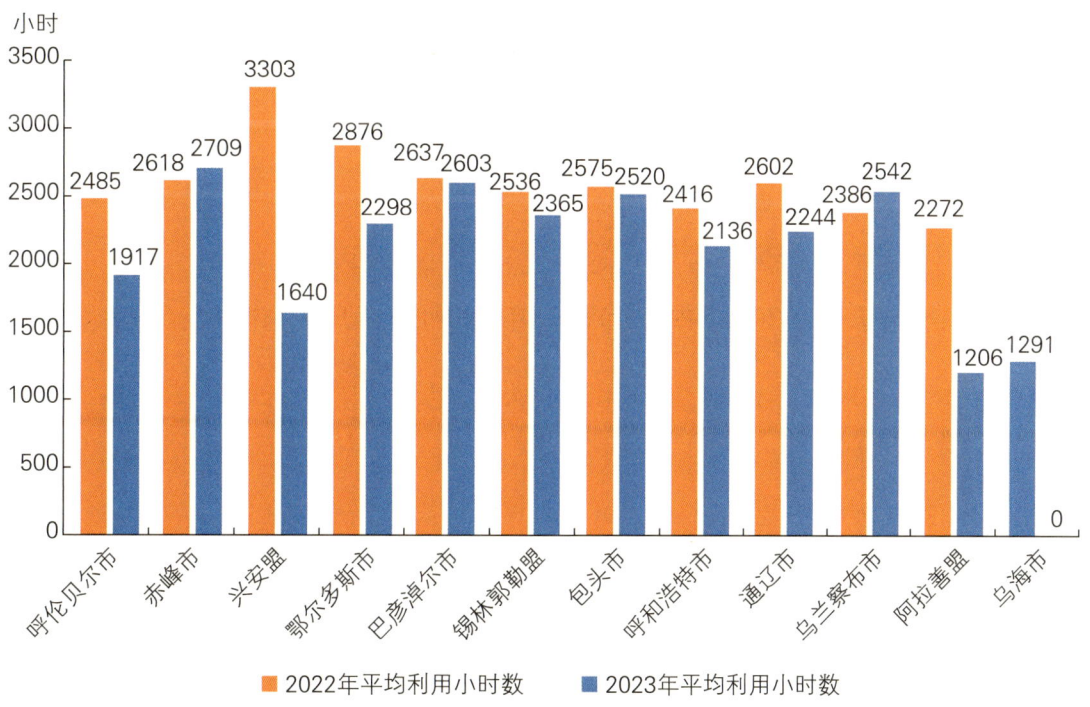

图3.10　2022年和2023年内蒙古自治区各盟市风电年平均利用小时数对比

弃风率同比明显减少

2023年，受风资源水平波动、电网多元化发展等因素影响，全区平均弃风率为5.6%，与2022年相比减少3个百分点。2019—2023年内蒙古自治区弃风限电变化趋势见图3.11。

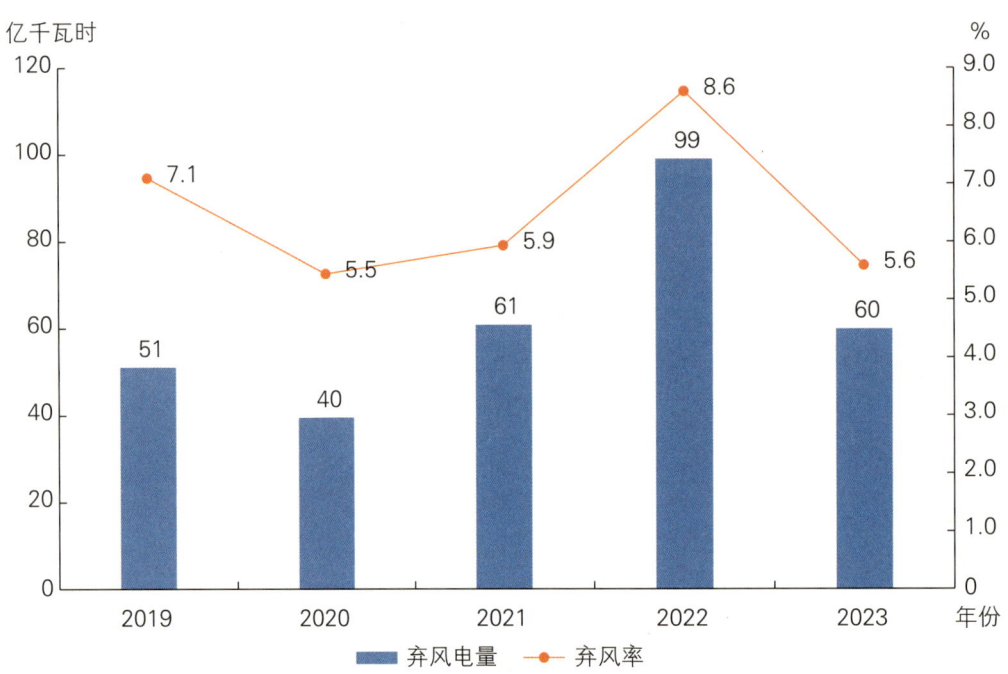

图3.11　2019—2023年内蒙古自治区弃风限电变化趋势

3.6　技术进步

全球单机容量最大、叶轮直径最大的陆上风电机组投运

2023年12月底，我国自主研制的全球单机容量最大、叶轮直径最大的陆上风电机组在内蒙古能源集团东苏巴彦乌拉100万千瓦风储项目投入商业运行。该机组基于模块化平台设计，支持8.5~11兆瓦功率范围调节，刷新国产陆上风电机组功率纪录。该风电机组风轮直径达214米，叶片长104米，轮毂中心高度122米，总重量376吨，相当于100头成年亚洲象的重量，扫风面积为3.6万平方米，相当于5个足球场的面积总和。叶片转动一圈可发出电量约23千瓦时，转动1小时可发出电量1万千瓦时，相当于12个普通家庭1年的用电量，与相等容量的火电机组相比，每年可减少二氧化碳排放3万吨，约等于1.4万辆小汽车的排放量，堪称"绿电劳模"，是名副其实的"国之重器"。

龙头企业技术装备领先

近年来，内蒙古自治区在新能源领域从单一发电卖电，向装备制造全产业链发展，不仅实现了产业的深度拓展，更推动了相关产业的创新升级，实现相关产业创新和质优。金风科技、明阳智能、远景能源、联合动力、太重新能源等大型新能源装备制造企业，拥有国家级企业技术中心、科研试验基地，是内蒙古自治区新能源装备制造的龙头企业，企业实力较强、技术装备水平高、产品市场前景好。

内蒙古自治区积极引进一系列重点风电装备制造企业，如海装风电、中材科技、明阳电气、鑫源盛等，成功构建了一条完整的风电设备制造产业链，涵盖发电机组、塔筒、叶片的生产，以及总装、后期维护、运行监控等多个环节。

风电产业发展态势向好

内蒙古自治区出台一系列措施支持风电产业的发展。2023 年 3 月 12 日，内蒙古自治区发展和改革委员会印发了《关于全力推进全区 2023 年重点民间投资项目落地实施工作的通知》，其中风电重点民间投资项目共计 67 个，明确装机容量的项目共计超过 1500 万千瓦。这些措施有助于吸引更多的市场资本参与风电项目的建设，推动风电产业的快速发展。

风电工程大机组、快建设趋势明显

内蒙古能源集团东苏巴彦乌拉 100 万千瓦风储项目是全国首个使用 8.5 兆瓦风电机组投产并网的百万千瓦风电基地项目，位于锡林郭勒盟苏尼特左旗，2023 年 4 月底开工后历时 7 个月建设，于 2023 年 11 月底成功并网，创造了百万千瓦风电基地项目"成本最低、工期最短"的行业纪录。

3.7 发展趋势及特点

风力发电建设进程顺利

自治区充分发挥自身区位及资源优势，积极布局实施国家三批以沙漠、戈壁、荒漠地区为重点的百万千瓦级"小基地"和蒙西四大沙漠千万千瓦级"大基地"的规划与建设。国家第一批以沙漠、戈壁、荒漠地区为重点的大型风电光伏基地涉及风电建设项目共 32 个，风电总装机容量 1730 万千瓦，截至 2023 年底，已并网 1630 万千瓦。国家第二批大型风电光伏基地涉及风电建设项目共 4 个，总装机容量 508 万千瓦，已全部开工。国家第三批大型风电光伏基地项目名单已下发，涉及风电共 12 个项目，总装机容量 1465 万千瓦。以沙漠、戈壁、荒漠地区为重点的千万千瓦级大型风电光伏基地已在乌兰布和、库布齐、腾格里沙漠地区批复 4 个项目，风电总装机容量 1550 万千瓦。

风电装备制造产业链打造初见成效

截至 2023 年底，风电装备制造已投产项目 61 项。其中风电整机项目 29 项，年产能 13120 台（套）；叶片项目 19 项，年产能 8680 套；塔筒项目 26 项，年产能 248.2 万吨；齿轮箱项目 3 项，年产能 1900 台；发电机项目 4 项，年产能 4567 台；其他零部件项目 7 项。

风电在 2023 年累计装机容量再创新高

2023 年是实施"十四五"规划承前启后的关键之年，也是"双碳"目标提出的第三年。内蒙古自治区风电建设规模再创历史新高，截至 2023 年底，全区风电累计并网装机容量 6961 万千瓦，超过第二名河北（3141 万千瓦）1 倍以上，实现断崖式领先，持续多年蝉联全国风电总装机首位。

分散式"三年行动计划"实施有序

2021—2023 年，分散式风电"三年行动计划"实施期间，内蒙古自治区批复分散式风电项目装机容量 231 万千瓦，新增并网装机容量 83.15 万千瓦，在建装机容量 101.2 万千瓦。截至 2023 年底，累计并网分散式风电装机容量 154.75 万千瓦。

3.8 发展建议

做好重点工程建设

目前内蒙古自治区仍有已批待建风电项目约 9300 万千瓦，规模量大、建设任务重，需做好配套保障工作。对重点项目定期组织召开联动推进工作会议，着力研究解决建设过程中遇到的重难点问题，督促相关企业按进度推进。同时，需加强项目调度，会同有关部门针对不同类型项目，落实好外送线路、调峰设施、用电负荷等配套建设，推动调峰、调频辅助服务市场建设，为待建、在建的项目保驾护航，保障项目建设顺利进行。

加强外送能力建设

充分发挥内蒙古自治区新能源资源优势和区位优势，按照谋划一批、投产一批、开工一批的发展思路，有序推动国家级新能源电力供应保障基地及配套外送通道建设。加快推动上海庙至山东特高压、蒙西至天津南交流特高压、扎鲁特至青州特高压输电通道配套新能源基地，锡林郭勒盟"一交一直"，乌兰察布风电基地等已批复新能源基地建设进度，持续提高存量外送输电通道中新能源占比和通道利用效率。在资源禀赋较好、土地资源充足、开发建设条件优越、具备持续整装开发条件的地区，谋划新增大型新能源外送基地。

推动老旧风电场改造升级工作

落实国家能源局《风电场改造升级和退役管理办法》（国能发新能规〔2023〕45号）相关要求，鼓励对并网运行超过15年或单台机组容量小于1.5兆瓦风电机组进行"以大代小，以优代劣"改造升级，从而实现风电场提质增效，提高风能资源利用效率。

4　太阳能发电

4.1 前期管理

修订新能源发展目标

2023年10月，内蒙古自治区人民政府办公厅印发《内蒙古自治区新能源倍增行动实施方案》，重新制定了新能源发展目标。力争到2025年实现全区新能源发电装机容量在1.5亿千瓦以上，其中太阳能发电装机容量达到5200万千瓦，发电量达到3000亿千瓦时。

大力推广新能源生态治理模式

2023年11月，内蒙古自治区人民政府办公厅印发了《内蒙古自治区光伏治沙行动实施方案》，划定了生态治理目标，配合"三北"六期等生态治理工程，实施全区沙漠、沙地光伏治沙规模化开发。预计到2025年，全区光伏治沙装机容量超过2140万千瓦，完成光伏治沙面积64万亩[①]。

4.2 资源概况

太阳能资源丰富，地域分布呈现西高东低的特点

内蒙古光照资源禀赋优异，太阳能年总辐射量在4831~7013兆焦/米^2，年日照时数在2600~3400小时，是全国高值地区之一。全区年太阳能资源分布呈东北向西南逐渐递增态势，总辐射低值区分布于呼伦贝尔市北部，年总辐射值在5040兆焦/米^{2}以下，年日照时数在2700小时以下；总辐射中值区包括呼伦贝尔市南部、兴安盟、锡林郭勒盟、通辽市、赤峰市、乌兰察布市、呼和浩特市、包头市、鄂尔多斯市、乌海市的大部以及巴彦淖尔市中部和阿拉善盟南部，年总辐射值在5040~6300兆焦/米^2，年日照时数在2700~3200小时；总辐射高值区集中于阿拉善

---

① 1亩≈666.67平方米。

盟中北部、巴彦淖尔市西部和东部、包头市西部以及鄂尔多斯市西缘和乌海市西缘，年总辐射值在 6300 兆焦/米^2 以上，年日照时数在 3200 小时以上。

2023 年太阳能水平面总辐照量低于常年平均值

根据中国气象局风能太阳能中心发布的《2023 年中国风能太阳能资源年景公报》，2023 年全国平均年水平面总辐照量为 5386.0 兆焦/米^2，最佳斜面总辐照量为 6265.4 兆焦/米^2，分别比 2022 年低 242.3 兆焦/米^2、271.4 兆焦/米^2，比近 10 年（2013—2022 年）平均值低 68.4 兆焦/米^2、108.7 兆焦/米^2，比近 30 年（1993—2022 年）平均值分别偏小 85.0 兆焦/米^2、130.7 兆焦/米^2。

2023 年，内蒙古年水平面总辐照量平均值为 5539.7 兆焦/米^2，最佳斜面总辐照量平均值为 7162.6 兆焦/米^2，均高于全国平均水平，属于当年全国太阳能资源较丰富地区之一，但相比于内蒙古近 30 年的平均值仍偏低。

结合内蒙古自治区太阳能资源分布、地类属性、限制性因素及当前太阳能发电用地政策等因素初步分析，全区现阶段剩余太阳能发电经济技术可开发量仍有约 6.4 亿千瓦，能够满足当前阶段太阳能发电大规模快速发展需求。

4.3 发展现状

装机规模持续增长

2023 年，根据内蒙古自治区电力行业协会数据，内蒙古自治区太阳能发电新增并网装机容量为 739 万千瓦，同比增长 373.7%，约占电源新增装机总容量的 15.8%（见图 4.1）。其中，蒙东地区新增并网装机容量 47 万千瓦，与 2022 年持平；蒙西地区新增并网装机容量约为 692 万千瓦，同比增长 578.4%。截至 2023 年底，内蒙古自治区太阳能光伏发电累计并网装机容量达 2296 万千瓦（不含 10 万千瓦光热项目），同比增长 47.4%，居全国第 13 位。分区域看，蒙东地区太阳能光伏发电累计并网装机容量达 436 万千瓦，同比增长 8.2%；蒙西地区累计并网装机容量达 1860 万千瓦，同比增长 59.5%。

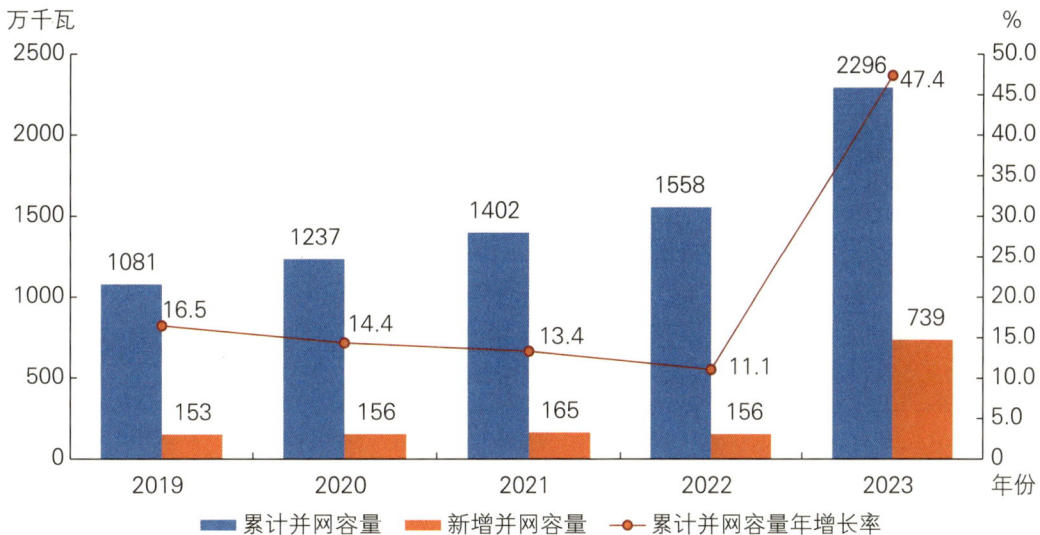

图 4.1　2019—2023 年内蒙古自治区太阳能光伏发电并网装机容量变化趋势

分盟市看，内蒙古自治区太阳能发电装机主要集中在鄂尔多斯市、巴彦淖尔市、包头市、通辽市、乌兰察布市、锡林郭勒盟、呼和浩特市、阿拉善盟、赤峰市等 9 个盟市，2023 年底累计并网装机容量均超过 100 万千瓦。

2023 年，除赤峰市外的 11 个盟市均有新增太阳能电站并网装机，其中鄂尔多斯市新增并网装机容量 321 万千瓦，为新增并网装机容量最大的盟市（见图 4.2）。

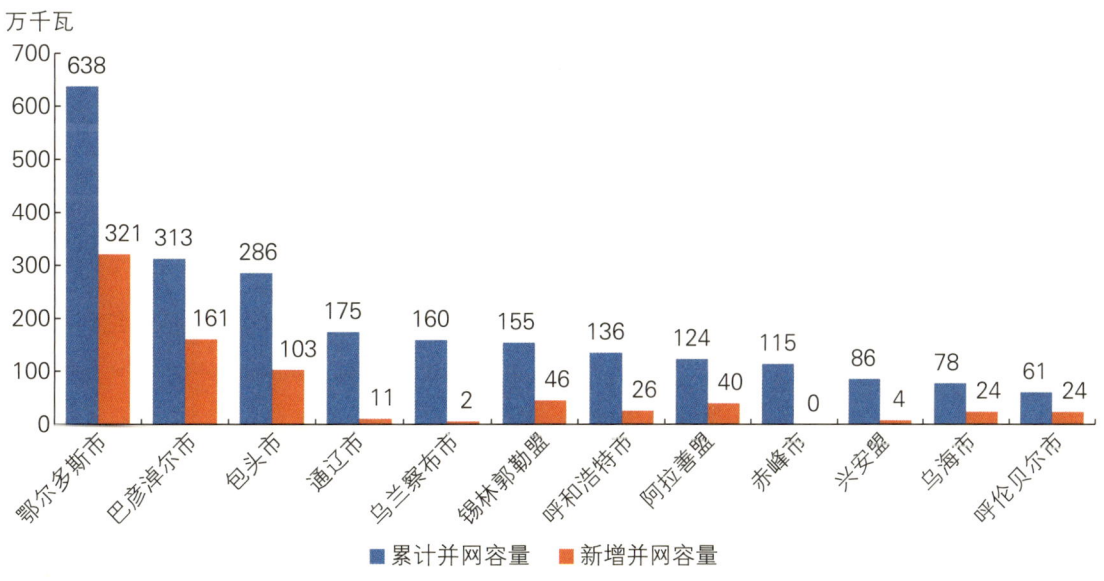

图 4.2　2023 年内蒙古自治区各盟市太阳能发电装机容量

截至 2023 年底，内蒙古自治区 6 兆瓦以上集中式太阳能光伏电站累计并网装机容量达 2180 万千瓦，同比增长 52.4%；分布式太阳能电站累计并网装机容量 116 万千瓦，同比减少 4.1%。

经初步统计，全区 6 兆瓦以上太阳能电站累计并网装机容量超过 50 万千瓦的有 7 个旗县，包括鄂尔多斯市杭锦旗、达拉特旗、伊金霍洛旗，包头市土默特右旗、固阳县，巴彦淖尔市磴口县，阿拉善盟阿拉善左旗。累计并网装机容量大于等于 20 万千瓦的有 35 个旗县，与 2022 年相比新增 5 个旗县（见表 4.1）。

表 4.1　2023 年内蒙古自治区各盟市 6 兆瓦以上光伏发电装机容量

区域	盟市	2023 年底累计并网装机容量 /万千瓦	累计并网装机容量大于等于 20 万千瓦的地区	装机容量 /万千瓦
蒙东地区	赤峰市	104	敖汉旗	32
			克什克腾旗	32
			翁牛特旗	29
	通辽市	167	科左中旗	27
			开鲁县	23
	呼伦贝尔市	53	莫力达瓦达斡尔族自治旗	20
	兴安盟	86	科右中旗	32
			科右前旗	23
			突泉县	20
蒙西地区	阿拉善盟	137	阿拉善左旗	75
	巴彦淖尔市	238	乌拉特前旗	23
			乌拉特中旗	40
			乌拉特后旗	33
			磴口县	132
	包头市	284	固阳县	102
			达尔罕茂明安联合旗	34
			石拐区	45
			土默特右旗	87
	鄂尔多斯市	590	杭锦旗	288
			达拉特旗	222
			伊金霍洛旗	71
			土默特左旗	30
	呼和浩特市	136	托克托县	22
			和林格尔县	30
			清水河县	30

续表

区域	盟市	2023年底累计并网装机容量/万千瓦	累计并网装机容量大于等于20万千瓦的地区	装机容量/万千瓦
蒙西地区	乌海市	72	海勃湾区	23
	乌兰察布市	177	察哈尔右翼前旗	24
			察哈尔右翼中旗	41
			商都县	22
			四子王旗	32
			卓资县	21
			化德县	20
	锡林郭勒盟	146	二连浩特市	27
			正蓝旗	20
			苏尼特右旗	26

全区太阳能发电项目投资开发企业以央企为主，占比达79.1%（见图4.3）。经初步统计，截至2023年底，区内累计太阳能发电并网装机容量排名前三的企业分别是中国长江三峡集团有限公司、国家电力投资集团有限公司、国家能源投资集团有限责任公司，并网装机容量均超过190万千瓦（见图4.4）。五大发电集团全区累计并网装机容量占比超过40%。

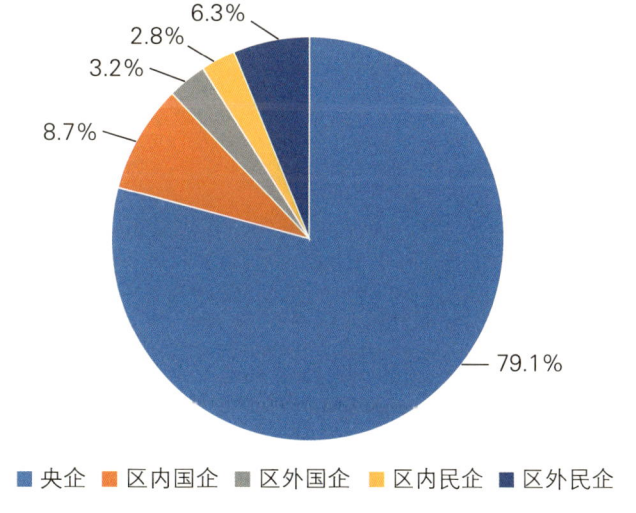

图4.3　不同类型企业在内蒙古自治区太阳能发电累计装机占比（截至2023年底）

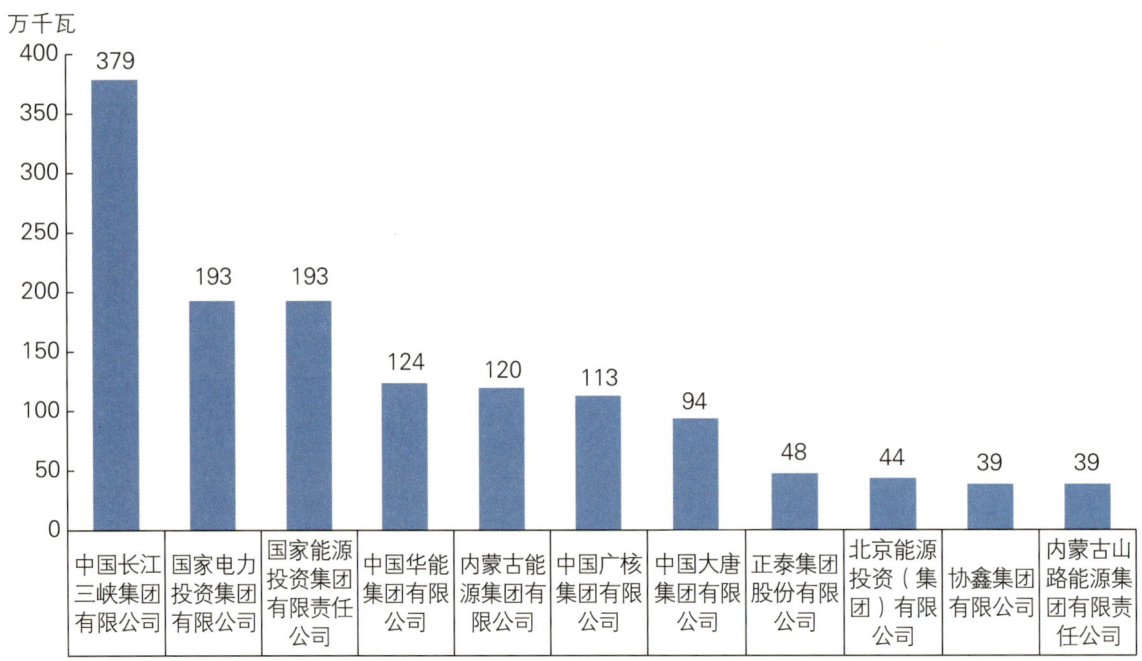

图 4.4　2023 年底在内蒙古自治区太阳能发电累计装机容量前十的开发企业

发电量稳步增长

近年来，内蒙古自治区太阳能年发电量占电源总发电量比重稳步增长。2023 年，内蒙古自治区 6 兆瓦及以上太阳能年发电量达到 269 亿千瓦时，同比增长 18.0%，占全部电源总发电量的 3.56%，较 2022 年提高 0.04 个百分点，如图 4.5 所示。其中，蒙东地区 6 兆瓦及以上太阳能年发电量达到 61 亿千瓦时，蒙西地区 6 兆瓦及以上太阳能年发电量达到 208 亿千瓦时。

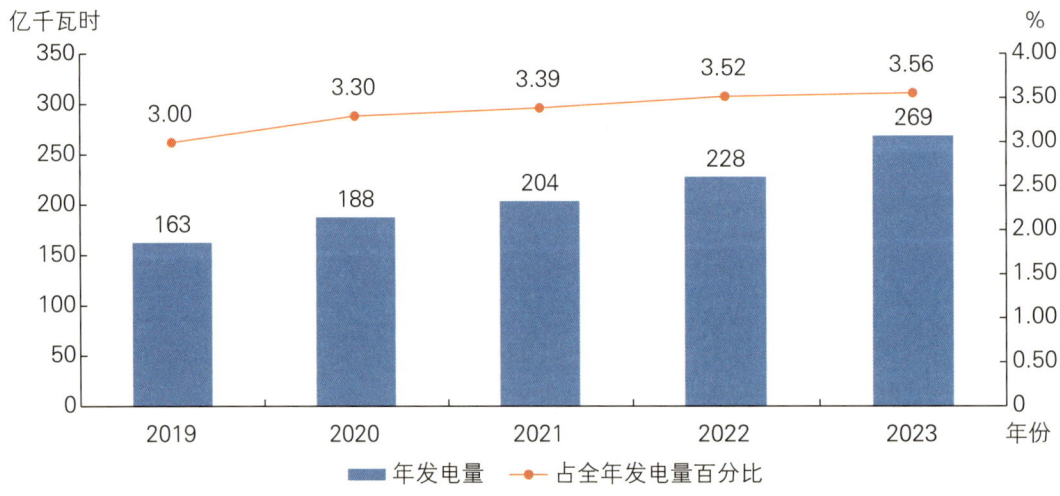

图 4.5　2019—2023 年内蒙古自治区 6 兆瓦及以上太阳能年发电量变化趋势

分盟市看，鄂尔多斯市、包头市、巴彦淖尔市、乌兰察布市、通辽市等 5 个盟市 6 兆瓦以上电站太阳能年发电量均超过 20 亿千瓦时，其中鄂尔多斯市达到 53 亿千瓦时，大幅领先其余盟市（见图 4.6）。

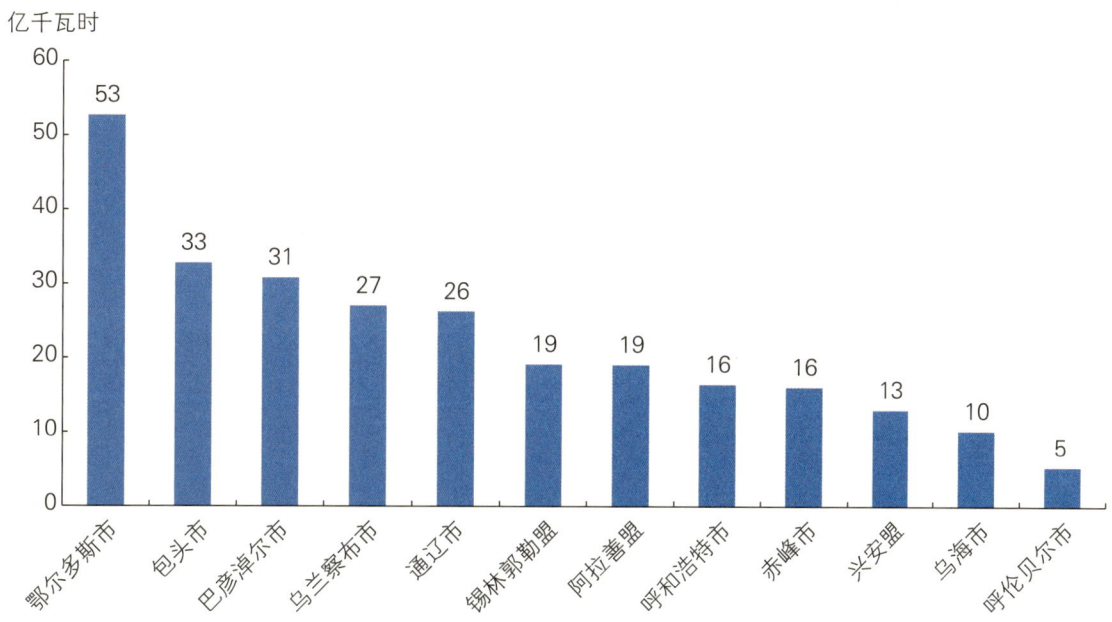

图 4.6　2023 年内蒙古自治区各盟市 6 兆瓦以上太阳能年发电量

光热发电项目稳步推进

位于巴彦淖尔市的乌拉特中旗 100 兆瓦槽式光热电站是国家首批太阳能槽式光热发电示范项目，其单体规模最大、储热时间最长。项目于 2018 年 6 月正式动工，2020 年 12 月实现满负荷发电，2021 年 7 月熔盐储能系统全面投运，实现 24 小时连续稳定高负荷运行。电站自投运以来，累计发电量约 8.7 亿千瓦时，2023 年纯光热年发电量约 3.3 亿千瓦时，单月纯光热最高发电量 5230 万千瓦时，单日纯光热最高发电量 221.6 万千瓦时，各项指标均超过设计值，实现当年投产当年达标。

2023 年 3 月，《国家能源局综合司关于推动光热发电规模化发展有关事项的通知》（国能综通新能〔2023〕28 号）中明确提到，"已上报沙戈荒风光大基地实施方案中提出的光热发电项目，相关省份能源主管部门要尽快组织开展项目可行性研究，并与基地内风电光伏项目同步开工"，并进一步提出内蒙古自治区光热发电规模暂按 80 万千瓦配置。随着大型风电光伏基地建设加快推进，配套光热项目前期工作正在加速开展。

4.4 投资建设

发电成本受组件影响出现下降

2023年，光伏产业链价格整体呈下降趋势，尤其是硅片、电池片、组件行业，全国太阳能发电项目建设成本较2022年有明显下降。

自2020年以来，光伏组件价格受上游硅材料价格变动等因素影响，光伏电站单位千瓦造价略有波动，从2020年的3600元逐渐增长至2022年的3970元，上涨约10.3%；2023年，光伏电站单位千瓦平均造价约3220元，较上年下降约18.9%，低于2020年造价水平（见图4.7）。结合新能源技术迭代等因素，初步预计2024年地面光伏电站全投资成本将进一步下降。

光伏组件占总造价比例降低

光伏发电系统投资主要由组件、逆变器、支架、电缆等设备成本，建安工程、土地及电网接入、前期开发及管理费用等部分构成。以内蒙古自治区2023年典型光伏电站为例，光伏组件占总投资的37%（见图4.7），仍是最主要的构成部分。受组件上游硅料价格下降、技术迭代、企业竞争等多重影响，2023年光伏组件价格大幅下降。综合考虑技术进步、市场供需和政策影响，预计2024年内蒙古自治区光伏组件价格将继续保持下降趋势，在光伏电站成本中占比进一步降低。但考虑光伏组件受上游原材料价格波动影响，价格下降的幅度和速度尚存在不确定性。

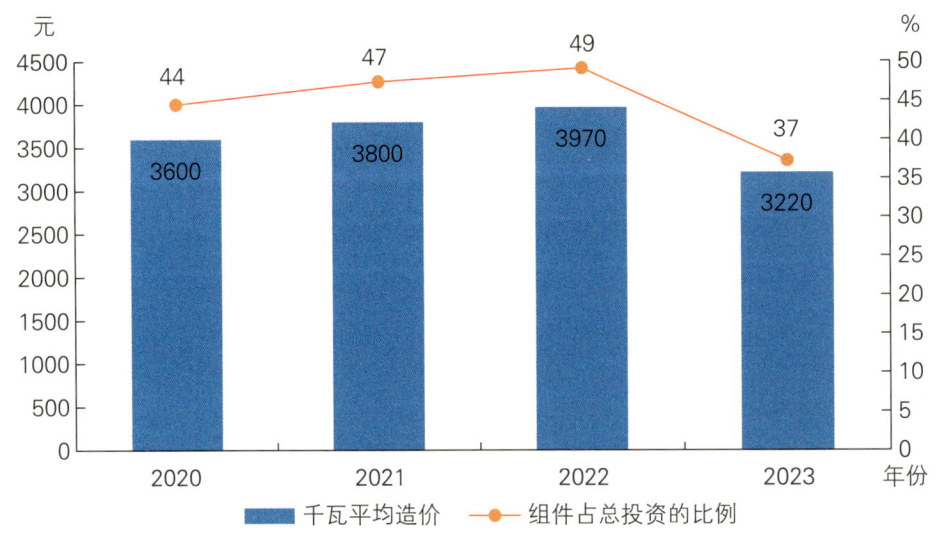

图4.7 2020—2023年内蒙古自治区光伏发电项目造价变化趋势

4.5 运行消纳

年利用小时数略有减少

2023年,内蒙古自治区太阳能发电平均年利用小时数为1466小时,受太阳能总辐照量下降影响,同比减少144小时,下降约8.9%(见图4.8)。其中,蒙东地区太阳能发电年平均利用小时数为1619小时;蒙西地区太阳能发电年平均利用小时数为1547小时。分盟市看,赤峰市、乌兰察布市、通辽市2023年年平均利用小时数位居全区前三,分别为1713小时、1709小时和1574小时(见图4.9)。

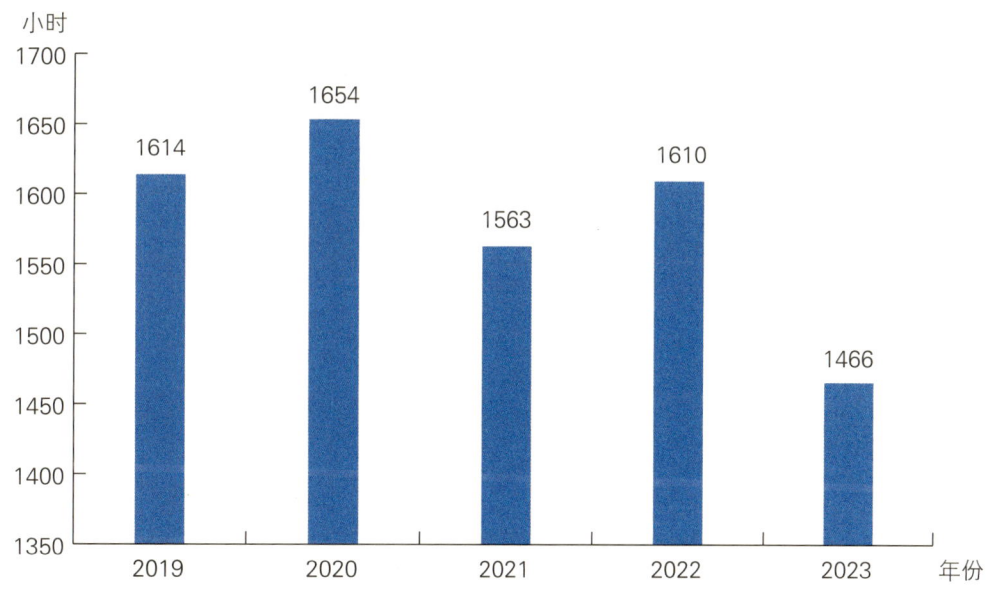

图4.8 2019—2023年内蒙古自治区太阳能发电年平均利用小时数

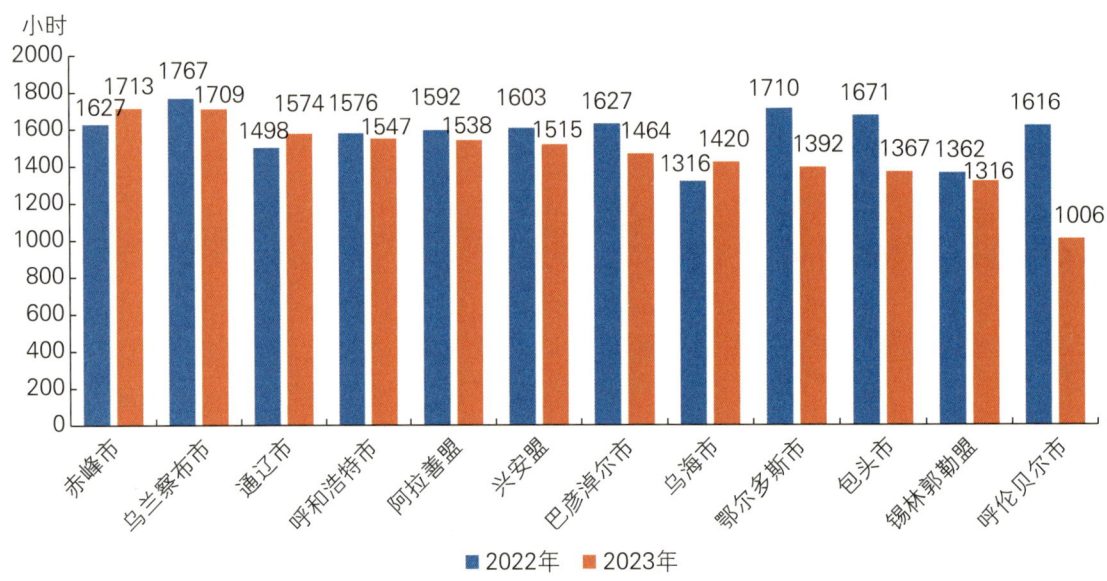

图 4.9　2022 年、2023 年内蒙古自治区各盟市太阳能发电年平均利用小时数

电力消纳持续优化

2023 年，自治区全年弃光电量 8.0 亿千瓦时，弃光率 2.8%。其中蒙西地区 2023 年弃光电量 7.1 亿千瓦时，弃光率 3.3%；蒙东地区 2023 年弃光电量 1.0 亿千瓦时，弃光率 1.4%。近五年太阳能发电利用率均在 97% 以上（见图 4.10）。

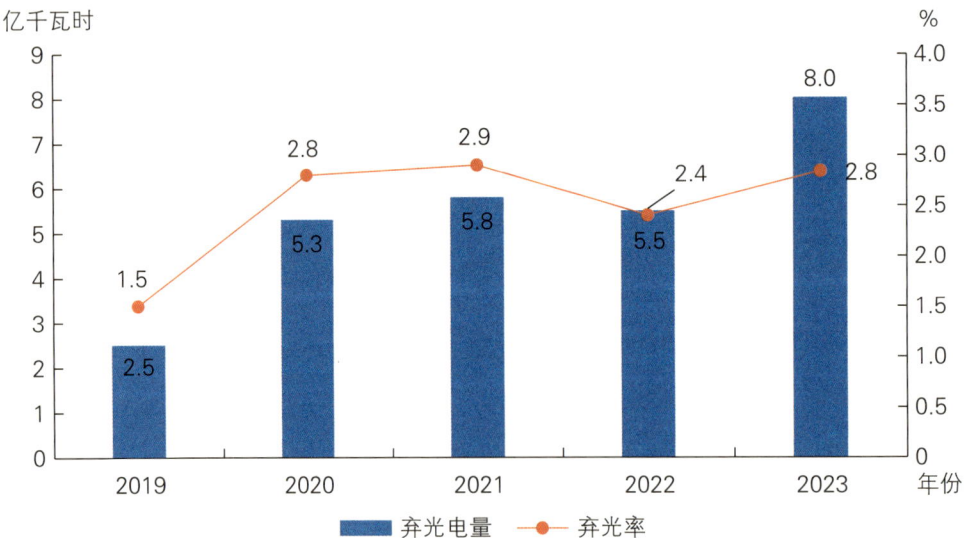

图 4.10　2019—2023 年内蒙古自治区弃光电量和弃光率变化趋势

为实现太阳能电力有效利用，内蒙古自治区持续优化电网配套服务，实施电网转型升级、电源结构优化、电能替代、系统调节能力提升等一系列举措，持续优化太阳能发电消纳条件，推动网源协调发展，将新能源发展模式由"网随源走"转变为"源随网走"。对不同类型项目进行差异化管理，加快前期工作办理进度，确保网源投产时序匹配。同时，坚持集中式和分布式发展并举，广泛扩展可再生能源应用场景，提升可再生能源存储和消纳能力，继续积极支持各地区分布式太阳能发电开发，促进电力的就地消纳。

4.6 技术进步

内蒙古自治区是我国重要的新能源基地，太阳能发电开发规模居全国前列。在产业政策引导和市场需求驱动的双重作用下，依托丰富的多晶硅原料等优势，内蒙古自治区多晶、单晶硅产能均居国内前列，成为国内太阳能晶硅材料的重要制造基地，太阳能晶体研发实力大幅提升。

高效光伏组件技术持续突破

隆基 Hi-MO7 组件在内蒙古自治区下线，荣获 TÜV 莱茵 2023 年"质胜中国"发电量仿真优胜奖、2023 年"质胜中国"光伏组件户外发电量优胜奖。Hi-MO7 组件是基于 M10 硅片（边长 182 毫米）的 N 型高功率双面双玻半片组件，将组件功率提上了一个新的高度。Hi-MO7 在技术上除了拥有 HPDC 技术先进性外，还兼具双面双玻技术、半片技术、多主栅技术、智能焊接技术、高功率技术等技术先进性。同时，72 版型主流功率提升到 590 瓦，组件效率也有明显提升，最高效率可以达到 22.8%。智能焊接技术使电池片所受拉应力下降 20%，最大限度降低了隐裂风险，更高效也更可靠。

能源数字化稳步推进

双良硅材料（包头）有限公司、包头晶澳太阳能科技有限公司等企业，五凌电力阿拉善右旗互联网＋光伏治沙智慧电站＋储能普通光伏电站项目、库布齐沙漠 1000 兆瓦光伏复合生态发电项目一期 200 兆瓦光伏治沙项目，成功入选第四批智能光伏试点示范企业和示范项目名单，标志着内蒙古自治区光伏产业在智能光伏产品、服务、系统平台运用及融合运用 5G 通信、大数据、互联网等方面取得了巨大进步。下一步，内蒙古自治区将紧紧围绕建设国家重要能源基地目标，不断强化"以'双碳'战略引领高质量发展"理念，借助内蒙古自治区发展光伏产业的区位优势，引导企业以技术创新带动产业创新，推动行业发展，不断在新能源领域取得新突破。

4.7 发展趋势及特点

国家新能源基地建设稳步提速

内蒙古自治区充分发挥自身区位及资源优势，积极布局三批国家以沙漠、戈壁、荒漠地区为重点的百万千瓦级"小基地"和蒙西四大沙漠千万千瓦级"大基地"的规划与建设。国家第一批以沙漠、戈壁、荒漠地区为重点的大型风电光伏基地涉及光伏建设项目共 5 个，总规模 290 万千瓦，于 2023 年底已全部并网。国家第二批大型风电光伏基地涉及光伏建设项目共 5 个，总规模 680 万千瓦，已全部开工。国家第三批大型风电光伏基地建设名单已下发，内蒙古自治区光伏建设项目共 9 个，总规模 815 万千瓦。以沙漠、戈壁、荒漠地区为重点的千万千瓦级大型风电光伏基地目前已在乌兰布和、库布齐、腾格里沙漠地区批复 4 个项目，光伏总装机容量 3250 万千瓦。

分布式光伏"三年行动计划"有序实施

2021—2023 年，分布式光伏"三年行动计划"实施期间，内蒙古自治区批复分布式光伏装机容量 177.3 万千瓦，新增并网装机容量 54 万千瓦，在建装机容量 49.9 万千瓦。

太阳能发电发展速度进一步提高

"十四五"后期是内蒙古自治区能源转型的关键时期，是"碳达峰"目标完成的重要时期。截至 2023 年底，内蒙古自治区太阳能发电装机容量 2307 万千瓦，距《内蒙古自治区新能源倍增行动实施方案》中到 2025 年太阳能发电装机容量超过 5200 万千瓦的目标仍有较大差距，需进一步提高发展速度。

光伏产业链集群式发展前景向好

以硅材料先发优势为基础，推动光伏全产业链集群式发展，持续鼓励先进光伏晶硅材料技术的研发应用，支持光伏晶硅材料向下游硅片、电池、组件方向拓展，促进新技术产业发展，形成具备一定规模化产能的区内硅料—硅棒—硅片—电池—组件产业链，形成以呼包鄂为中心的先进光伏产业集群。截至 2023 年底，内蒙古自治区光伏装备制造已投产项目 41 项，其中多晶硅项目 7 项，年产能 56.8 万吨；硅片项目 5 项，年产能 8900 万千瓦；光伏组件项目 6 项，年产能 2100 万千瓦；石英坩埚项目 3 项，年产能 30 万个；晶棒项目 14 项，年产能 1.9 亿千瓦；逆变器项目 1 项，年产能 1500 万千瓦。

全产业链产学研用一体化发展

加大太阳能发电相关高新技术研发力度，坚持调结构、转功能、提质量，因地制宜发展战略性新兴产业和先进制造业，推动相关产业迈向高端化、智能化、绿色化。坚持产学研深度融合，加快延链、补链、强链项目建设，打造高附加值、高科技含量的新材料产业链，促进新能源产业链高质量发展。

4.8 发展方向

支持技术创新

加大研发投入力度，不断提升企业技术创新能力建设，支持企业建设产品设计研发中心和产品实验平台，着力提升光伏原材料设备转化率和系统发电效率。开展新型晶体硅电池低成本高质量产业化制造技术研究，攻关钙钛矿等新型高效太阳能电池关键技术，提升光伏发电系统效率。

健全政策机制

内蒙古自治区适应新能源大规模开发的新型电力系统建设刚刚起步，需继续健全实时电价、容量电价和辅助服务价格等机制，进一步完善灵活调节能力建设和绿电消纳市场化机制，以促进电网调峰与绿电消纳。

做强绿电支撑

坚持源网荷储一体化推进，实施绿色供电项目，支持探索建立风光氢储网荷深度耦合的"全绿电"用能，着力做好绿电认证中心打造工作，努力把"绿电池子"做大，实现绿电替代应替尽替、能替早替。

建设好我国北方重要生态安全屏障

以主力先锋姿态打赢"三北"工程攻坚战。大力实施防沙治沙和风电光伏一体化工程，积极推广库布齐治沙模式、磴口治沙模式，推进农光互补、牧光互补，既治沙，又发绿电，还增加群众收入，实现生态、生产、生活"三赢"。

大力促进资源节约集约利用

落实"变废为宝",一手抓粉煤灰、煤矸石等传统大宗工业固废转化利用,一手抓退役电池、光伏组件等新型废弃物循环利用。深化国家碳达峰试点建设,在能源基础设施、节能降碳改造、先进技术示范等领域规划实施一批重点工程。

5　抽水蓄能

5.1 发展基础

内蒙古自治区土地辽阔，地形多样，抽水蓄能资源站点较丰富。蒙西电网区域抽水蓄能站点资源主要分布在中部、西部的大青山、阴山、贺兰山，黄河"几字弯"附近的狼山等区域，鄂尔多斯市、锡林郭勒盟受地形条件影响站点资源较少；蒙东电网区域站点分布相对分散，各盟市都具备条件较好的资源站点，但部分优质抽水蓄能资源点受生态红线及自然保护区影响，近期开发存在一定制约。

抽水蓄能是当前技术最成熟、经济性最优、最具大规模开发条件的电力系统绿色低碳灵活调节电源。合理开发抽水蓄能电站，可为新能源大规模接入电力系统安全稳定运行提供有效支撑，有利于内蒙古自治区新能源大规模高比例高质量发展，对内蒙古自治区构建新型电力系统、促进能源绿色低碳转型有重要意义。在2020年12月启动的新一轮抽水蓄能中长期规划资源站点普查中，综合考虑地理位置、地形地质、水源条件、水库淹没、环境影响、工程技术及初步经济性等因素，全区共有4个项目被纳入《抽水蓄能中长期发展规划（2021—2035年）》（以下简称《中长期发展规划》）重点实施项目，总装机容量460万千瓦；7个项目被纳入《中长期发展规划》储备项目，总装机容量710万千瓦。

根据内蒙古自治区新能源发展和电力系统运行需要，综合考虑电力系统负荷水平、电源结构、新能源合理利用率、电价承受能力等因素，经科学分析论证，内蒙古自治区电力系统2035年抽水蓄能合理需求规模总计2880万千瓦。其中，电网侧2180万千瓦，服务于新能源基地的抽水蓄能合理规模约700万千瓦。从目前内蒙古自治区内抽水蓄能的开发建设情况来看，抽水蓄能电站的建设规模距离需求还有一定差距。

5.2 发展现状

已建在建抽水蓄能电站

内蒙古西部区域（蒙西电网）在建抽水蓄能电站总规模240万千瓦。已建呼和浩特电站，装机容量 120 万千瓦；在建乌海抽水蓄能电站，装机容量 120 万千瓦，于 2022 年 1 月获得核准批复，预计 2029 年 12 月前全部机组投产。《中长期发展规划》中"十四五"重点实施项目 1 个，装机容量 120 万千瓦（美岱）；"十五五"重点实施项目 1 个，装机容量 120 万千瓦（太阳沟）。

内蒙古东部区域（蒙东电网）在建抽水蓄能电站总规模 120 万千瓦，暂无已建抽水蓄能电站。在建芝瑞抽水蓄能电站，装机容量 120 万千瓦，2017 年核准开工建设，预计于 2027 年 12 月底全部机组投产。《中长期发展规划》中，"十六五"重点实施项目 1 个，装机容量 100 万千瓦（广兴源）。

内蒙古自治区已建在建项目情况如表 5.1 所示。

表 5.1 内蒙古自治区已建在建项目情况

序号	项目名称	地理位置	服务对象	装机容量/万千瓦	投产（核准）年度
1	呼和浩特	呼和浩特市武川县	蒙西电网	120	2015 年投产
2	乌海	乌海市海勃湾区	蒙西电网	120	2022 年核准
3	芝瑞	赤峰市克什克腾旗	蒙东电网	120	2017 年核准
	合计			360	

开展前期工作的电站

《中长期发展规划》发布后，内蒙古自治区抽水蓄能纳规项目陆续推进前期设计工作。美岱抽水蓄能电站位于内蒙古自治区包头市土默特右旗，电站装机容量 120 万千瓦，额定水头 298 米，于 2023 年 8 月通过了可行性研究阶段三大专题咨询及审查，预计于"十四五"末期核准开工建设。太阳沟抽水蓄能电站位于内蒙古巴彦淖尔市乌拉特后旗境内，电站装机容量 120 万千瓦，额定水头 391 米，于 2023 年 6 月通过了可行性研究阶段三大专题咨询及审查，预计于"十四五"末期核准开工建设。哈拉沁抽水蓄能电站（呼蓄二期）位于内蒙古呼和浩特新城区境内，电站装机容量 140 万千瓦，额定水头 450 米，于 2023 年 6 月通过了预可行性研究成果的审查，预计于"十四五"末期核准开工建设。

拟新增规划布局站点

为满足 2035 年前电力系统需求和服务新能源外送需求，2023 年内蒙古自治区组织开展了抽水蓄能的滚动规划布局研究工作，拟在中长期规划基础上，新增布局服务蒙西电网的站点 9 个，总装机容量 950 万千瓦；服务蒙东电网的站点 5 个，总装机容量 570 万千瓦；服务基地电源项目 5 个，总装机容量 780 万千瓦。

5.3 投资动态

在建工程投资

在建工程芝瑞抽水蓄能电站，工程静态总投资约 67.2 亿元，截至 2023 年底，项目累计完成投资约 34 亿元。

在建工程乌海抽水蓄能电站，核准总投资为 86.11 亿元，截至 2023 年底，项目累计完成投资约 14 亿元。

拟开发工程投资

根据统计，内蒙古自治区较好的可布局站点共 20 个，总装机容量 2570 万千瓦，项目单位千瓦投资在 5300~9900 元，平均单位千瓦投资约 6800 元，项目涉及工程静态投资 1650 亿元。其中，根据美岱抽水蓄能电站预可行性研究成果，工程静态总投资约为 67 亿元，考虑价差预备费、建设期利息，工程总投资约为 82 亿元。根据太阳沟抽水蓄能电站预可行性研究成果，工程静态总投资约为 78 亿元，考虑价差预备费、建设期利息，工程总投资约为 94 亿元。

5.4 建设管理

经历多年的工程经验总结，抽水蓄能电站建设已形成系统化管理模式。2023 年 5 月，可再生能源发电工程质量监督站组织专家对芝瑞抽水蓄能电站工程进行了下水库截流阶段质量监督检查（总第 5 次）。经现场检查和资料查阅，认为芝瑞抽水蓄能电站工程建设单位重视工程质量管理工作，各项规章制度较齐全并能得到贯彻落实。

5.5 运行监测

2023 年，呼和浩特抽水蓄能电站运行状况良好，承担了蒙西电网的主力支撑调节作用，在电力系统削峰填谷、调频调相、事故备用和助力新能源消纳等方面发挥重要作用，电站投产以来，设备状态良好、可靠性高，机组启停频次、运行强度和运行小时数保持较高水平（见图5.1）。2023年全年呼和浩特抽水蓄能电站累计发电量14.01亿千瓦时，抽水电量18.00亿千瓦时。电站全年机组开机3201次，成功3196次，其中发电成功开机1755次，启动成功率99.94%；抽水成功开机1441次，启动成功率99.72%。

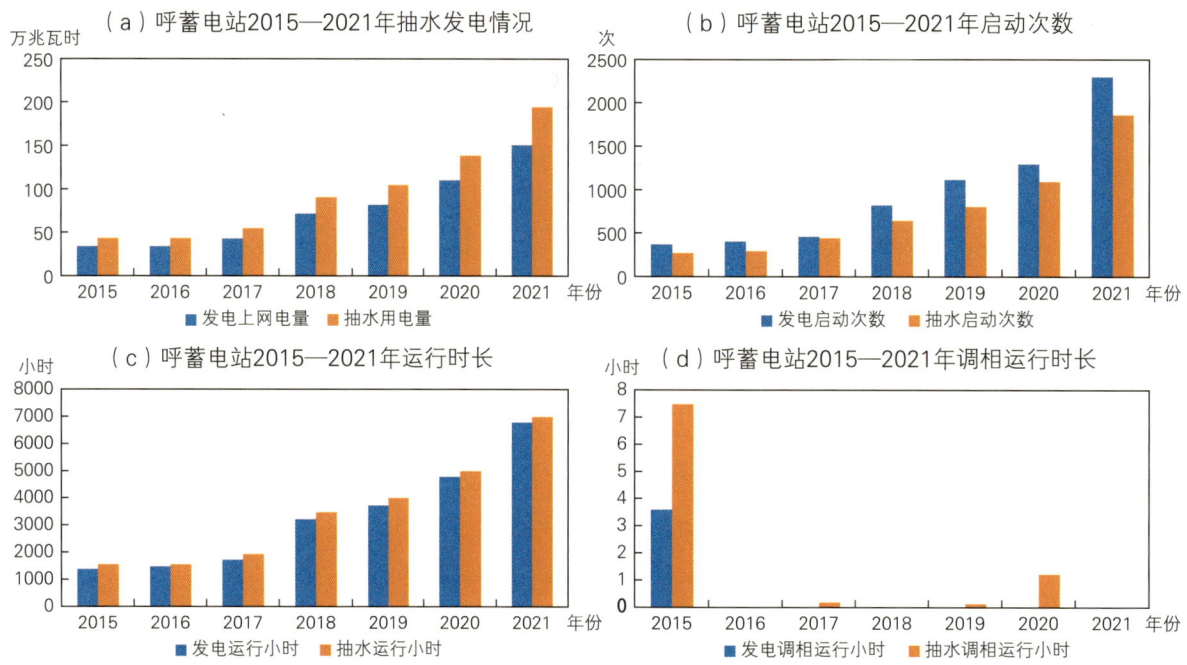

图5.1 呼和浩特抽水蓄能电站运行情况

综合来看，呼和浩特抽水蓄能电站自投产以来，充分发挥了削峰填谷作用，随着近年来风电光伏新能源大幅增长，抽蓄电站调峰次数明显增加，极大地助力了内蒙古自治区清洁能源消纳。具体表现在：一是抽水蓄能电站提供顶峰电能，减少常规机组开机方式，为清洁能源消纳腾出空间；二是新能源弃电时段，抽水蓄能电站通过蓄能的形式将弃电量存储起来，提升清洁能源利用水平，为内蒙古电网新能源消纳作出突出贡献；三是抽水蓄能参与系统调节，在优化网内燃煤机组运行工况、减少调峰燃煤电源建设和促进新能源消纳等环节体现了电站的节能效益，有效促进系统整体能耗下降；四是承担紧急事故备用和黑启动任务，兼有调频及调相作用，具备稳定外送能力。

5.6 技术进步

抽水蓄能电站经过多年的发展，其设计、设备制造以及建设施工等方面技术均取得了显著进步，发展水平在多个领域均呈现出稳步提升的趋势。

地下洞室群和水力系统施工技术日益成熟，国产化盾构机在抽水蓄能电站建设中成功应用，有效提升了施工效率，降低了建设成本。抽水蓄能机组的设计、制造、安装技术也实现了新的跨越，国内单机大容量抽水蓄能机组在制造和安装过程中攻克多项技术难题，机组稳定性指标已达到国际先进水平。同时，抽水蓄能电站的核心控制系统也实现了全面国产化，计算机监控、调速、励磁、继电保护等关键系统均实现了自主可控，有效提升了我国能源产业链供应链的安全水平。

5.7 发展特点

2023年，内蒙古自治区有序推动抽水蓄能电站建设健康发展。已建投产抽水蓄能电站持续发挥作用，在建项目工程建设稳步推进，重点实施项目前期工作稳步开展。

统筹推进已纳规站点前期工作和在建电站的建设管理，在建乌海、芝瑞项目稳步推进工程建设，为工程如期投产奠定了良好基础。美岱、太阳沟项目通过可研阶段三专题审查，为下一步项目核准奠定了基础，内蒙古自治区抽水蓄能的发展取得了积极进展。与此同时，为进一步推动能源转型、加强电力系统调节能力，内蒙古自治区开展了新一轮的抽水蓄能站点优化布局调整工作，在电力需求增加较快、负荷较大的区域进一步加强抽水蓄能建设布局。为推动沙戈荒大型清洁能源基地建设，进一步优选部分邻近站点作为基地调节电源。

5.8 发展趋势

近年来，随着内蒙古自治区可再生能源产业大规模、高比例、高质量跃升发展，抽水蓄能作为一种重要的储能方式，在保障电力供应、优化能源结构、提高能源利用效率等方面发挥着越来越重要的作用。

根据内蒙古自治区新能源倍增计划，未来将加快赤峰芝瑞和乌海抽水蓄能电站建设进度，力争赤峰芝瑞抽水蓄能电站于2027年底前首台机组投产发电，乌海抽水蓄能电站于2028年底前首台机组投产发电；加速包头美岱抽水蓄能电站尽快开工；推进巴彦淖尔太阳沟、赤峰广兴源等抽水蓄能电站前期工作；推动呼和浩特市、兴安盟、通辽市、锡林郭勒盟、乌兰察布市、巴彦淖尔市等盟市约20个抽水蓄能电站项目尽快被纳入国家规划。此外，内蒙古自治区还在积极推进抽水蓄能技术的创新和应用，通过引进先进技术和管理经验，提高抽水蓄能电站的效率和可靠性，降低成本，推动抽水蓄能产业的可持续发展。

总体来看，内蒙古自治区抽水蓄能发展趋势呈现出规模扩大、建设加速、技术创新等积极特点。未来，随着可再生能源的进一步发展和电力系统的不断升级，抽水蓄能将在内蒙古自治区能源领域发挥更加重要的作用，为可再生能源的大规模发展以及新型电力系统的建立提供坚实可靠的保障。

5.9 发展建议

抽水蓄能作为一种高效、环保的能源储存方式，对于优化内蒙古自治区的能源结构、电力资源配置，保障能源安全具有重要意义。为促进内蒙古自治区抽水蓄能行业高质量发展，建议在抽水蓄能规划与布局、抽水蓄能政策等方面予以进一步加强。

加强抽水蓄能电站的规划与布局

目前，内蒙古自治区抽水蓄能电站开发建设规模远不能满足电力系统发展的需要。建议根据内蒙古自治区的能源需求和资源分布特点，加强规划抽水蓄能电站建设。优先考虑在新能源富集地区、电力负荷中心以及电网关键节点等区域加强抽水蓄能电站规划选点，以满足电力系统的需求。

完善抽水蓄能政策与市场机制

制定和完善抽水蓄能发展的相关政策，如项目核准、容量电价核价、土地保障等方面，为抽水蓄能电站的建设和运营提供有力支持。建立健全抽水蓄能电站的相关市场机制，推动其参与电力市场竞争，发挥其在电力系统中的削峰填谷、平衡供需等重要作用。同时，加强对抽水蓄能电站的监管和评估，确保其安全、高效、稳定运行。

6 生物质能

6.1 资源概况

内蒙古自治区生物质资源较为丰富，可供利用的生物资源包括农作物秸秆、林业废弃物、畜禽粪便、城乡生活垃圾和有机加工剩余物等，全区可能源化利用的生物质资源总量相当于1658万吨标准煤。其中，农作物秸秆1779万吨，折合标准煤约889万吨；畜禽粪便2773万吨，按制沼气利用折合标准煤约107万吨；林业剩余物980万吨，折合标准煤约628万吨；生活垃圾焚烧折合标准煤约19万吨；有机加工剩余物、有机废水等折合标准煤约15万吨。全区可能源化利用的生物质资源种类及占比情况如图6.1所示。

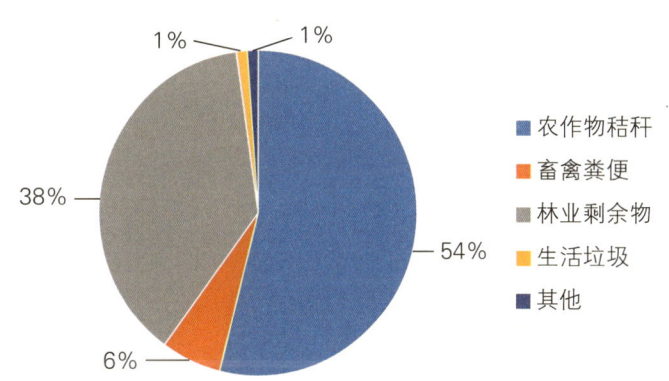

图6.1 内蒙古自治区生物质资源基本情况

6.2 发展现状

截至2023年底，全区生物质发电累计并网装机容量55万千瓦，同比增长19.6%，如图6.2所示。其中，农林生物质发电36.7万千瓦，同比增加0.5万千瓦；垃圾焚烧发电18.4万千瓦，同比增加5.7万千瓦；沼气发电0.29万千瓦，同比增加0.15万千瓦。

2023年，全区生物质年发电量19.8亿千瓦时，其中农林生物质发电量11.1亿千瓦时、垃圾焚烧发电量8.7亿千瓦时。

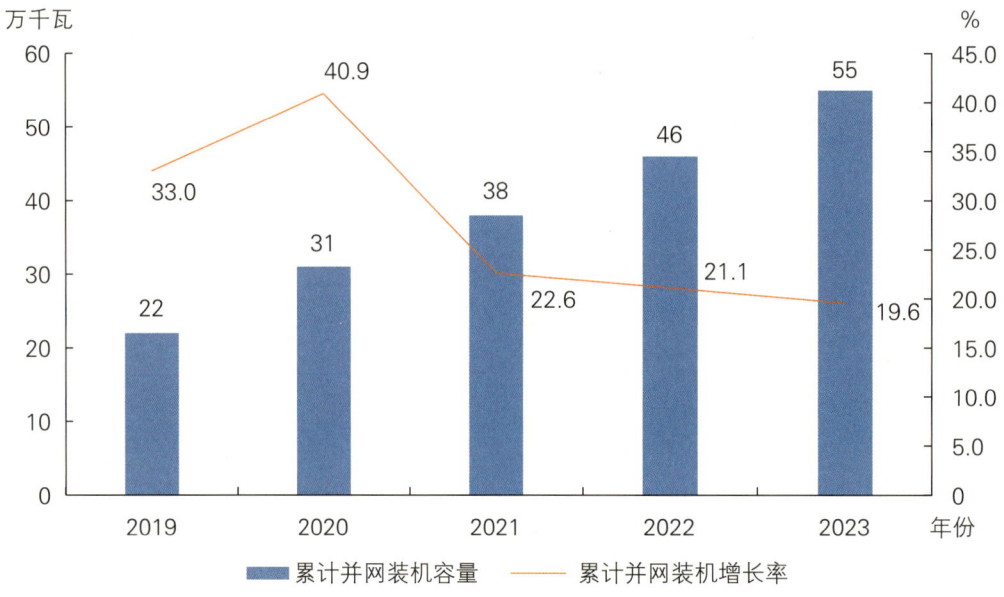

图 6.2　2019—2023 年生物质发电总装机

6.3　前期管理

因地制宜发展生物质发电与热电联产

2023 年 5 月,《内蒙古自治区党委　自治区人民政府关于做好 2023 年全面推进乡村振兴重点工作的实施意见》提出,要持续加强农村牧区基础设施建设,实施农村牧区电网巩固提升工程,因地制宜发展生物质热电联产、垃圾焚烧发电、沼气利用等可再生能源。蒙西以黄河沿线地区为主,蒙东以呼伦贝尔、通辽、赤峰为主,在农林生物质资源丰富地区,有序推进农林生物质热电联产项目。结合城镇生活垃圾处置需要,围绕垃圾无害化处理与资源化利用,鼓励重点城镇开展垃圾焚烧发电项目建设。在畜禽养殖废弃物资源、城镇生活污水以及工业有机废水量较大的地区,推进大中型沼气发电项目建设。

有序发展农林生物质发电项目

2023 年 8 月,为规范和加强全区农林生物质发电项目管理,内蒙古自治区能源局印发了《内蒙古自治区农林生物质发电项目管理暂行办法》(以下简称《办法》),明确了核准、建设、运营、掺烧化石能源监管等四方面管理措施,适用于在全区范围内拟建、在建、已投产的农林生物质发电项目。《办法》还提出,"农林生物质项目原则上热电联产,严控只发电不供热的农林生物质发电项目;要加强本地区农林生物质发电项目核准管理,只有纳入自治区农林生物质发电项目建设规模、符合规划布局、具备建设条件的农林生物质发电项目才能履行核准手续。项目核准重点审查是否存在掺烧化石能源隐患，要求企业出具不掺烧化石能源承诺书，并在核准文件中明确禁止掺烧化石能源"。

持续推广生物质供暖

2023 年 9 月，国家能源局发布《关于组织开展可再生能源发展试点示范的通知》，要求以示范工程引领发展，加快培育可再生能源新技术、新模式、新业态，推动可再生能源大规模、高比例、市场化、高质量发展，助力建设新型能源体系。支持在具备清洁采暖需求和条件的乡镇地区，因地制宜通过生物质热电联产、集中式生物质锅炉供暖等不同方式，实现乡镇地区清洁供暖。在大气污染防治非重点地区乡村，可按照就地取材原则，因地制宜推广户用成型燃料炉具供暖。生物质供热工程为主的乡村供给体系，可以有效减少污染、改善民生、提升基础设施水平，同时解决乡村用能矛盾、优化农村能源结构、改变农村用能方式。

多元化发展生物质非电利用路径

2023 年 11 月，国家能源局发布了《关于组织开展生物柴油推广应用试点示范的通知》，提出生物柴油是以废弃油脂等生物质为原料生产的可再生能源，是国际公认的绿色清洁燃料，受到国际社会广泛重视。根据生物柴油行业发展现状及生产消费等情况，申请试点示范的各级政府、企业等主体可结合当地实际，选择不同行业、场景（包括物流、公交、市政、环卫、邮政快递等行业）开展生物柴油推广应用试点示范。

绿证核发促进生物质电力消费

绿证是可再生能源电量环境属性的唯一证明，也是认定绿色电力生产、消费的唯一凭证。2023 年 8 月，国家发展改革委、财政部、国家能源局发布了《关于做好可再生能源绿色电力证书全覆盖工作促进可再生能源电力消费的通知》，明确对全国风电（含分散式风电和海上风电）、太阳能发电（含分布式光伏发电和光热发电）、常规水电、生物质发电、地热能发电、海洋能发电等已建档立卡的可再生能源发电项目所生产的全部电量核发绿证，实现绿证核发全覆盖。此举促进了生物质电力消费，保障了生物质电力消纳，服务全国能源安全保供和绿色低碳转型。

6.4 投资建设

2023年内蒙古自治区新增生物质发电装机共计9万千瓦。

6.5 运行消纳

2023年，全国生物质发电利用小时数4626小时，较2022年增加111小时。内蒙古自治区农林生物质发电利用小时数近5年整体呈下降趋势，但2023年农林生物质发电利用小时数为3033小时，较2022年增加23%。垃圾焚烧发电利用小时数近5年整体存在一定幅度上升，2023年利用小时数为4852小时，较2022年稍有下降，下降幅度3%（见图6.3）。受生物质发电国家补贴退出、发电原材料价格波动等因素影响，近年生物质发电项目利用小时数有所波动，目前整体仍处于合理范畴。

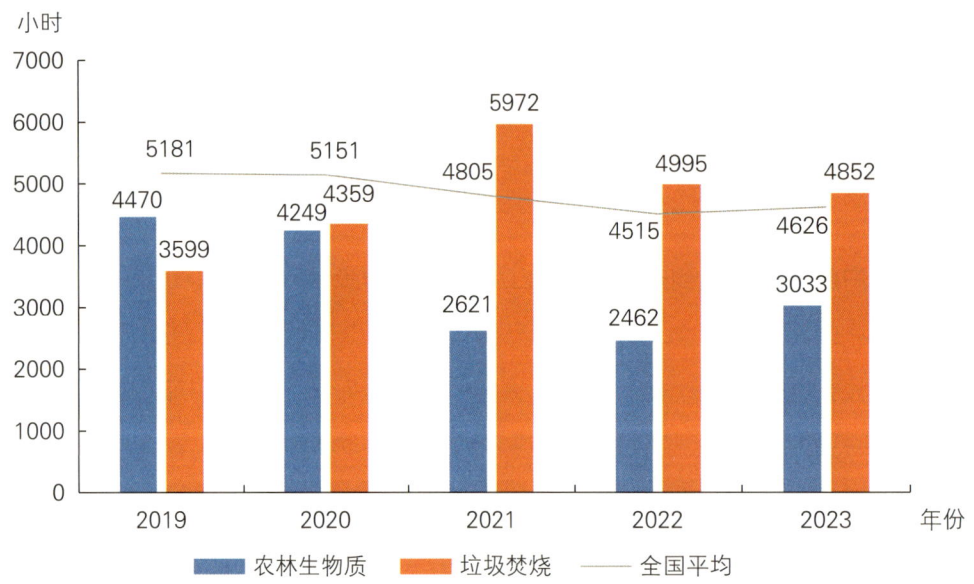

图6.3　2019—2023年内蒙古自治区生物质发电平均利用小时数

6.6 技术进步

目前，生物质能行业发展以发电、供热以及生物质耦合"电氢"体系利用为主。生物质发电主要包括生活垃圾焚烧发电、农林生物质发电和沼气发电，并重点围绕生物质发电技术、生物质气化技术、生物质液体燃料技术开展技术研发。生物质耦合"电氢"体系利用主要由"电—氢"体系的发展而得以开发，主要包括制取生物质天然气、绿色甲醇等，生物质能综合利用场景逐步丰富。

生物质发电参数不断提高

由于锅炉受热面应用新型耐热耐腐蚀材料，锅炉使用寿命得以延长，锅炉产生的主蒸汽也从中温中压提升至 540 摄氏度、5.88 兆帕以上的高温高压、高温超高压，锅炉热效率显著提升。

生物质供热技术广泛应用

生物质热电联产、成型燃料锅炉供热等技术在我国工商业供热、居民供暖领域已实现规模化和商业化应用。内蒙古自治区积极推广固体成型燃料与专用锅炉配套使用，并配合回收冷却塔余热供热，增加供热能力，实现不同品质能量的梯级利用，以生物质为原料的"零碳"供热显示出独特优势。

生物天然气转型升级趋势明显

从最初的农村户用沼气发展到规模化沼气工程，再进一步升级为规模化生物质天然气工程。随着产业升级，核心厌氧发酵技术也从最初的静置厌氧发酵发展成为自动化程度更高、更适合工业化生产的全混式厌氧发酵技术。与之配套的沼气提纯技术，诸如变压吸附提纯、膜提纯等技术被引入国内并广泛应用，已形成了稳定成熟的厌氧 + 提纯的生产技术路线。

生物质耦合"电氢"体系利用逐步发展

得益于"电氢"体系的迅速发展，气化—化学链制氢、气化—膜分离制氢等生物质制氢工艺技术研究取得新突破，生物质循环利用制绿色甲醇、生物质耦合绿氢制取绿色甲醇等技术路线已成熟并进入产业化阶段。

6.7 发展趋势及特点

随着生物质发电技术进步，生物质发电产业装备能力和制造成本有一定幅度的下降。国家发展改革委发布的《完善生物质发电项目建设运行的实施方案》中明确，规划内已核准未开工、新核准的生物质发电项目全部通过竞争方式配置并确定上网电价；新纳入补贴范围的项目补贴资金由中央和地方共同承担，分地区合理确定分担比例，中央分担部分逐年调整并有序退出。对于已纳入可再生能源发电补贴清单范围的项目，所发电量超过全生命周期补贴电量部分，不再享受中央财政补贴资金。

垃圾焚烧发电项目收入构成中包含较为稳定的垃圾处理费，上网电价的"国补退坡"对项目盈利影响较小。农林生物质发电项目收入构成相对单一，生物质原材料成本占运营成本的60%~70%，发电成本不具备大幅下降空间，"国补退坡"对项目盈利影响较大。在此背景下，生物质发电行业应通过提升生产技术、优化运营管理模式等方式降低项目成本，提升能源利用效率，同时推动生物质纯电机组向热电联产转型，积极参与市场化碳交易，拓展项目的非电收入，降低项目盈利对补贴的依赖，推动生物质发电行业可持续发展。

生物质制取甲醇作为一种可持续能源技术，正展现出强劲的发展势头。目前生物化学转化、热化学转化及生物炼制等技术不断成熟，生物质原料（如农业废弃物、林业剩余物、城市固体废物等）转化甲醇的效率和经济性不断提高，生产成本逐渐下降，提高了产品的市场竞争力。此外，绿色甲醇在交通航运领域的需求持续扩大，随着甲醇燃料汽车、船舶的应用推广，生物质甲醇作为燃料油、汽油的绿色低碳替代品，其市场前景广阔。

6.8 发展建议

持续发展垃圾焚烧发电

加大生活垃圾无害化处理设施建设力度，健全生活垃圾分类、资源化利用、无害化处理相衔接的收转运体系。大力推动垃圾焚烧发电项目建设，生活垃圾日清运量超过300吨的地区，加快发展以焚烧为主的垃圾处理方式，适度超前规划与生活垃圾清运量相适应的焚烧发电项目。鼓励跨区域统筹建设垃圾焚烧发电项目，在生活垃圾日清运量不足300吨的地区探索开展小型生活垃圾焚烧发电试点项目建设。

加速生物质发电向热电联产转型

因地制宜发展农林生物质发电、垃圾焚烧发电,生物质直燃发电向热电联产转型,探索开展区域智慧能源建设,形成多能互补的能源格局。稳步发展城镇生活垃圾焚烧热电联产,加快常规生物质发电项目供热改造,推进小火电改生物质热电联产。在集中村、新兴小城镇、建成镇、市周边推广使用生物质成型燃料专用采暖锅炉,通过固体成型燃料＋专用锅炉的形式提高采暖效率,持续做好内蒙古自治区冬季清洁取暖推进工作。生物质发电项目向热电联产转型可拓展收入来源,降低对补贴的依赖,改善项目现金流,缩短投资回报周期,一定程度上弥补"国补退坡"对项目盈利能力带来的负面影响。

稳步推进生物质能多元化开发

积极发展生物质天然气、生物质制氢、生物质制甲醇等非电利用形式。以科技创新为引领,引导相关企业加强生物质能技术和装备研发,注重多元化利用,尤其要扩大生物质能非电利用规模,不断提升生物质能的综合效益和产品附加值,推动构建生物质能生产和消费体系。同时,加快为生物质能开发利用创造有利条件,通过完善市场准入、强化金融支撑等,营造有利于生物质能创新发展的政策环境。

7 地热能

7.1 资源概况

内蒙古自治区的地热资源储量丰富,且广泛分布于多个地区,为地热能大规模开发利用提供了良好的资源基础。主要分为浅层地温能、中深层地热资源以及干热岩,其中中深层地热资源主要分为隆起山地型和盆地型,隆起山地型地热田主要分布于内蒙古的山地地区,由于地形隆起,地热资源较为丰富,但开发利用难度相对较大;盆地型地热田主要分布于内蒙古的盆地地区,如河套盆地、鄂尔多斯盆地等,这些地区地热资源埋藏较深,但热储层厚、温度高,具有较大的开发利用潜力。

浅层地温能

内蒙古自治区浅层地温能资源丰富,分布广泛,主要分布在河套平原、西辽河平原、阿拉善高原、鄂尔多斯高原和内蒙古北部高原,开发利用适宜和较适宜区总面积67.9万平方千米,占全区国土总面积的58%,容量22.03×10^{16}千焦/摄氏度,可利用资源总换热功率为223.92×10^8千瓦/999.08×10^8千瓦(冬季/夏季)。全区浅层地温能资源约占全国浅层地温能年可采资源量的14%。

中深层地热资源

中深层地热包括隆起山地对流型和沉积盆地型地热。隆起山地对流型地热田主要分布于大兴安岭西南边缘以及阴山东段、大兴安岭山地西部,该类型地热资源异常显示主要分布于阿尔山、宁城县热水镇、克什克腾旗热水塘、敖汉旗热水塘及凉城县中水塘等五处,其分布严格受地质构造,特别是巨型扭动构造体系控制,地热田规模较小,地热资源埋藏浅,资源量较小,热储量4.10×10^{14}千焦,可开采流体量22.7×10^5立方米/年,可开采热量4.60×10^{11}千焦/年,适合温泉疗养。沉积盆地型地热田主要分布于由呼包平原、临河盆地、鄂尔多斯盆地、乌海盆地组成的环鄂尔多斯盆地群,盆地规模大,热储层分布稳定,是内蒙古自治区地热资源富集区,就其可开发规模来说属中等至特大型地热田。其中呼包平原、临河盆地热储分布面积2.5万平方千米,热储量6.58×10^{17}千焦,可开采量1.65×10^{17}千焦,流体可采量627亿立方米,流体可采热量1.16×10^{16}千焦,是我国少有的特大型地热田。西辽河盆地、海拉尔盆地群、二连盆地群及银—额盆地均由一系列小的盆地构成，地热储层受盆地构造严格控制，稳定程度较差，所形成的地热田规模相对较小。

干热岩

内蒙古自治区埋藏 3000 米以下、温度大于 150 摄氏度的干热岩（高温岩体）勘查开发工作尚未开展，资源状况不清。为探明区内干热岩资源，2023 年在苏尼特右旗实施了区内第一口干热岩钻井，钻孔设计孔深 4500 米，是内蒙古自治区目前最深的勘查钻孔。此次钻探工作主要任务是查明工作区地热地质条件，同时通过地球物理测井、现场试验及相关样品的采集测试，获取盖层、热储层等热物理特性，为下一步评价及开发试验提供依据。

7.2 发展现状

目前全区以供暖/制冷作为地热资源的主要利用方式，此外还包括康养、洗浴、度假旅游等类型。内蒙古自治区以阿尔山为代表的构造型地热田主要用于旅游与医疗用水，现开采量已达到允许开采量，开采基本达到平衡，已无进一步开采潜力。沉积盆地型地热田还未充分开发利用，具有较大开发潜力。

地热供暖进展

内蒙古自治区城市地热资源勘查与示范工程取得又一重大进展，通辽科左中旗保康镇地区水热型地热开发利用与保护示范项目为自治区首个水热型地热资源开发利用示范工程，填补了地热尾水回灌试验研究的空白，对推进全区地热资源勘查开发利用具有重要的现实意义。该示范工程供暖面积为 40221.78 平方米，总供暖热负荷设计为 2032.44 千瓦，二次网供水温度 37~41 摄氏度、回水温度 35.5~37 摄氏度，住户室内温度 23~27 摄氏度，供暖效果良好。对比燃煤锅炉供暖系统，节约运行费用 65%，经济效益显著。

本次示范工程试运行取得成功，为水热型地热资源梯级开发利用设计和施工提供了第一手实验数据。通过本次试运行，不仅验证了通辽地区地热地质条件优越，而且表明该地区具备"只取热，不取水"的最佳开发利用模式条件，将为内蒙古自治区推动地热资源梯级高效利用、推进清洁能源开发利用进程、进一步优化调整能源供应结构和实现"碳达峰、碳中和"战略目标发挥重要的引领和示范作用。

地热资源勘探进展

内蒙古自治区以大型沉积盆地为勘查重点，开展重点地段水热型地热资源勘查，推进地热资源调查评价，进行沉积盆地型地热田成因、形成机理和资源富集规律研究，推动以呼包鄂城市群为主要服务方向的沉积盆地型地热能开发利用。勘查工程采用施工探采结合井形式，服务于新型城镇化建设、新农村建设、旅游开发，促进地热地质勘查成果转化利用。

内蒙古第八地质矿产勘查开发有限责任公司在杭锦旗锡尼镇境内，成功勘探一眼优质地热井。该地热井完井深度2000.63米，主要热储层为侏罗系、三叠系砂岩层，井口出水温度54.5摄氏度，出水量大于2000米^3/日。本井的成功勘探，证明了鄂尔多斯地区2000米深度内具有良好地热地质条件。该井也是目前鄂尔多斯盆地北部已有地热井中效果最好的一眼。

内蒙古地调院承担的土默特左旗塔布赛地热资源勘查及示范专题HLDR05地热井通过野外验收，获评优秀级。该井井深2551.98米，取水段累计热储层厚度316.1米，自流量达6312.48米^3/日，井口出水温度75摄氏度。地热水矿化度7.22克/升，氟含量为1.34毫克/升，达到医疗价值浓度，偏硅酸含量为56.36毫克/升，达到理疗热矿水价值浓度和命名矿水浓度。该项目首次在呼包平原发现大厚度粗碎屑砂岩热储层，取得重大突破，为呼包平原进一步寻找高产量、高产能地热资源提供了科学依据。

内蒙古地矿集团所属地勘八公司承担的内蒙古额济纳旗达来呼布地区地热资源预可行性勘查（地热井施工）项目顺利通过内蒙古自治区地勘基金管理中心专家组野外验收。该地热井日出水量2585立方米，出水温度40.1摄氏度，达到并超过了预期目标。通过水质化验分析得出，该地热井氟、溴、锶等3项浓度均超过命名矿水浓度标准近2倍，且地热矿水无不良气味，无涩感，具有极高的温泉理疗价值，为优质理疗热矿水。该地热井的成功实施，为评价额济纳旗地热资源潜力提供了科学依据和数据支撑，对于促进当地游业发展和新能源开发利用、提升城市品位具有十分重要的现实意义。

7.3 前期管理

内蒙古自治区土地辽阔，地热资源丰富，分布广泛。结合2030年前碳达峰、2060年前碳中和的能源大背景，自治区地热产业处于大有可为的战略机遇期。深入开展地热能开发利用研究工作，将有利于加强全区地热资源勘查、开发利用的宏观调控，提高地热资源勘查、开发利用的管理水平，为依法审批、监督和管理地热资源提供科学依据，全面实现内蒙古自治区地热能的可持续合理开发利用。同时，地热能开发利用研究也是加强大气污染环境治理，优化能源消费结构，加快化石能源替代进程，促进自治区生态文明、经济社会健康可持续发展的重要手段，具有重要的现实指导意义。

7.4 发展特点

地热能开发利用仍处于起步阶段

全区地热能开发利用仍处于市场起步阶段，与全国其他省市地区相比，开发利用规模偏小。2023年，土默特左旗积极开展地热开发利用高质量示范，进行地热资源区块化、规模化利用规划研究，积极推动地热资源梯级利用。

地热开发深浅并举

目前，内蒙古自治区在地热资源利用方面呈现出"深浅并举"、多元化利用的发展布局。浅层地热供暖在呼和浩特市等部分地区初具规模。中深层隆起山地型地热资源已得到充分开发利用，主要开展温泉旅游开发；在呼和浩特市、杭锦旗、土默特左旗、科左中旗、额济纳旗等地重点地热项目开发建设的基础上，中深层沉积盆地型地热开发利用亟待提高。

7.5 发展趋势

浅层地热资源潜力巨大，开发前景广阔

内蒙古自治区12个主要盟市政府所在地城镇规划区浅层地温能开发利用适宜和较适宜区总面积2160.78平方千米，占城镇规划区总面积的57%，容量10.99×10^{14}千焦／摄氏度，折合9782.29万吨标准煤，冬季可供暖面积21.34亿平方米，夏季可制冷面积35.07亿平方米。其中呼和浩特市、包头市和巴彦淖尔市临河区三个主要城区浅层地温能容量7.16×10^{14}千焦／摄氏度，折合8546.69万吨标准煤，冬季可供暖总面积14.67亿平方米，夏季可制冷总面积为23.61亿平方米。浅层地热资源潜力巨大，开发前景广阔。

中深层地热能多领域应用趋势明显

因地制宜，充分发挥资源优势，科学推进中深层地热能在供暖、康养、旅游、种植养殖等方面的开发利用，推广梯级利用和地热回灌技术，提高资源综合利用率。

根据资源禀赋，制定合理的开发强度指标，按照"以灌定采、采灌均衡、水热均衡"的原则，根据地热形成机理、地热资源品位和资源量、地下水生态环境条件，实施总量控制，分区分类管理，以集中与分散相结合的方式推进中深层地热能供暖项目建设。在经济较发达、环境约束较高的呼包鄂地区，将中深层水热型地热供暖项目纳入城镇基础设施建设项目，因地制宜，科学开发，实现绿色发展，形成呼包鄂城市群地热能集聚发展、其他地区根据资源条件特色发展的局面。充分发掘隆起山地型地热资源供暖及旅游价值。

在产业类型上，从地热供暖向地热发电探索，从单纯的民用供暖向工业、农业领域拓展，如工业领域的烘干、预加热，农业领域的种植和养殖等。在技术上，地热资源的勘探技术、钻完井技术、换热技术、发电技术、梯级利用技术等全流程、全过程都取得了进步。目前内蒙古自治区的地热勘探开发利用技术紧跟世界前沿，部分技术居于世界领先水平。

7.6 发展建议

加强资源勘查，摸清资源家底

在前期地热勘探开发成果的基础上，结合地热资源赋存条件，编制地热资源勘查规划，按照"重点开发区，大力勘探；一般开发区，积极部署勘查；试验开发区，试点勘查；远景开发区，区域调查"的部署原则，结合各地资源条件，因地制宜，实施中深层地热勘查、干热岩勘查工作。为地热开发提供资源保障，不断增强地热资源的可持续供给能力。

加强示范引领，实现规模开发

大力开展中深层地热能规模化开发利用。根据资源情况和市场需求，在资源评估、环境影响评价基础上，在地热重点开发区大力开展中深层地热供暖项目建设。鼓励采取地热区块整体开发方式，推动中深层地热能供暖项目集中规划、统一开发。

稳步提高集中供暖地热能占比。在省级以上开发区、工业园区以及城市规划控制区内新建的居民、公共区，具备条件的，优先利用地热能集中供暖。城市建成区实施更新改造，支持利用中深层地热能替代天然气、煤炭供暖，积极推动采油区利用油气田伴生地热资源。在人口规模较大、具备集中供暖条件的城镇，建设以地热能为主的乡村能源站，逐步淘汰燃煤锅炉，推动城镇减煤降碳。

加强科技创新，促进高质量发展

构建地热技术创新体系。推动科研院所、高校和企业联合，引进国内一流科研创新团队，突破制约地热能产业发展的技术瓶颈，构建结构合理、先进管用、开放兼容、自主可控、具有国际竞争力的地热技术创新体系，支撑地热能产业向中高端迈进。

加大地热开发关键问题技术攻关，重点突破地热开发利用的防腐防垢技术。内蒙古自治区内水热型地热主要为砂岩型热储，回灌难题需要突破，应攻关砂岩型热储回灌，加强地热采灌平衡研究，为地热能规模化可持续开发提供支撑。

完善地热产业过程管理

合理确定项目开发建设时序，有效衔接地热开发、输送、利用各环节。采取"政府推动、部门协同、企业为主"的模式，健全协同机制，理顺地热能供热规划、建设和管理中面临的问题并及时解决，确保项目建设一批、核准一批、前期准备一批。强化项目管理，不断完善工作机制和评价考核体系，着力提高项目质量和成效，重视生态环境保护，促进地热能源高质量开发利用。规范地热能开发利用项目备案或登记管理，简化地热能开发利用项目前期手续，加强对地热能开发利用项目的监督检查，完善对地热能开发利用项目的信息化管理。

全面落实地热项目信息系统管理

将地热项目信息纳入统一的管理平台，对项目开展监测及预警，供暖期内按月调度。地热能信息系统的建设能起到地热能项目管理的"统一（统一归口和统一责权）、实时（实时更新和实时分析）、合理（合理开发和科学规划）"作用，充分反映区内地热能开发真实现状，为制定地热能行业管理方法、准确的发展方向、合理的规划目标提供更充分的数据支撑。要组织做好地热能信息化管理工作，为地热能行业规模化、可持续发展奠定基础。

加快推动产业创新

积极探索地热能开采及供暖技术创新。深入研究"十四五"及中长期地热供暖技术发展趋势，快速提升地源热泵的技术水平，着力增强能源装备制造能力，降低地热取暖设备、建设和运行成本。依托有实力的科研院所、大型国企建立地热开发利用研发中心，加强地热能利用关键技术研发。

营造有利于地热能开发利用的政策环境

鼓励各级政府和发改、财政、自然资源、水行政、住房和城乡建设、生态环境、能源主管部门等出台有利于地热能开发利用的财政、金融政策等。研究利用现有渠道对地热能供暖项目给予财政支持；鼓励和支持企业加强技术创新，共同营造有利于地热能开发利用的政策环境。

8 新型储能

8 新型储能

8.1 发展现状

国内新型储能发展概况

为进一步推动新型储能的发展，我国发布了包括储能补贴、储能规划布局、新能源配储、储能参与电力市场化等相关政策，为新型储能发展提供有力支撑。截至 2023 年底，全国已建成投运新型储能项目累计装机容量达 3139 万千瓦 /6687 万千瓦时，平均储能时长 2.1 小时，已提前完成国家发展改革委和国家能源局发布的《关于加快推动新型储能发展的指导意见》（发改能源规〔2021〕1051 号）中计划到 2025 年新型储能装机规模达到 3000 万千瓦以上的目标。2023 年，全国新增装机规模约 2260 万千瓦 /4870 万千瓦时，较 2022 年增幅超过 260%，近 10 倍于"十三五"末装机规模。储能技术百花齐放，呈现了储能产业独有的特色与风景，锂离子电池储能仍占绝对主导地位，压缩空气储能、液流电池储能、飞轮储能等技术快速发展。2023 年以来多个 30 万千瓦以上压缩空气储能项目、10 万千瓦以上液流电池储能项目、兆瓦级飞轮储能项目开工建设，重力储能、液态空气储能、二氧化碳储能等新技术逐步落地，新型储能总体呈现多元化发展态势。截至 2023 年底，全国已投运新型储能中，锂离子电池储能占比 97.4%，铅炭电池储能占比 0.5%，压缩空气储能占比 0.5%，液流电池储能占比 0.4%，其他新型储能技术占比 1.2%。压缩空气、钠离子电池、液流电池、飞轮、超级电容等非锂储能技术逐渐实现应用突破，为新型电力系统建设和多元用户侧场景提供了更多的技术选择。

近年来，国家能源局等有关部门通过出台《关于加快推动新型储能发展的指导意见》《"十四五"新型储能发展实施方案》《新型储能项目管理规范（暂行）》《新能源基地送电配置新型储能规划技术导则》《关于促进新型储能并网和调度运用的通知》等一系列政策和标准，初步建立了全国新型储能行业管理体系，统筹推动全国新型储能试点示范，为新型储能技术创新应用和产业高质量发展做好了政策支撑。2024 年 5 月，内蒙古自治区能源局印发《内蒙古自治区 2024—2025 年新型储能发展专项行动方案》，规划到 2025 年，全区新型储能装机达到 1450 万千瓦 /6500 万千瓦时。目前，全国各省份均已逐步开展新型储能发展研究。

内蒙古自治区新型储能发展概况

截至 2023 年 12 月底，内蒙古自治区全年新增投运新型储能项目装机规模超过 200 万千瓦，相当于过去几年的 4 倍，已投产项目 80 项，总装机规模达到 354 万千瓦 /710 万千瓦时。其中蒙西地区总装机 275 万千瓦 /538 万千瓦时，占比近 78%；蒙东地区总装机 79 万千瓦 /172 万千瓦时，占比约 22%。全区仍有在建储能项目 38 个，装机规模 308 万千瓦 /773 万千瓦时。全区已投产项目以磷酸铁锂电池为主，占比超过 99%，但在建项目技术路线呈多元化，包括铁铬液流电池储能、压缩空气储能等多种形式。已投产的新型储能项目应用场景以电源侧为主，占比超过 99%，在建项目中电网侧和用户侧比例有较大提升。

目前内蒙古自治区在运新型储能电站以新能源配建储能为主，作为新能源场站的自身调节资源，主要通过新能源场站内部调度完成充放电，储能调节效益难以充分发挥。为进一步提高配建储能利用率，2023 年内蒙古自治区组织电网企业、发电企业和第三方咨询机构，深入研究新型储能定位和应用场景，分类施策制定合理的充放电策略和调度策略。对于新能源配建储能，加强新型储能调度运行管理，持续优化储能参与电网调用策略，引导配建储能接受电网调度、主动参与系统调峰，优化电站协调控制策略，提高储能利用率；对于独立储能，将其纳入电网统一调度管理，正常运行方式下作为独立市场主体按市场交易规则进行充放电，在电网出现紧急状况（如电力供需紧张、电网事故等）时，按照调度机构安排的运行方式进行充放电。

2023 年 11 月，内蒙古自治区能源局、内蒙古自治区发展改革委、内蒙古自治区工业和信息化厅印发《内蒙古自治区独立新型储能电站项目实施细则（暂行）》，推进自治区独立新型储能电站建设、运行和管理，包括电化学、压缩空气、飞轮、重力、超级电容等新型储能电站。独立储能电站的运营生命周期不低于 20 年（含电池更换），电站充放电转换效率一般不低于 60%，电站可用率不低于 90%。根据不同功能定位，划分为电网侧独立储能、电源侧独立储能。电网侧独立储能为电力系统整体服务，发挥提升系统调节能力、保障高峰用电需求、满足末端电网用电需求等作用。其中提升系统调节能力的储能电站放电功率不低于 5 万千瓦，连续放电时长不低于 4 小时；保障高峰用电需求的储能电站放电功率不低于 10 万千瓦，连续放电时长不低于 4 小时；满足末端电网用电需求的储能电站放电功率不低于 0.5 万千瓦、不超过 5 万千瓦，连续放电时长不低于 8 小时。电源侧独立储能主要为对应的新能源场站提供调节服务，充电时优先满足新能源场站的调峰需求，不足电量从电力市场获取；放电时结合市场交易和电网需求自主安排。其中储能电站放电功率不低于 5 万千瓦，连续放电时长不低于 2 小时。

8.2 重点项目

2023 年内蒙古自治区能源局提出新型储能推广应用行动，在此基础上开展了一系列"新能源＋储能"模式的项目建设。额济纳"源网荷储"微电网工程，旨在提升偏远地区可靠供电能力，实现额济纳地区"绿电离网不停供"的目标，一期工程于 2023 年 8 月 31 正式投入运行，已建成 1 座构网型储能电站（2.5 万千瓦/2.5 万千瓦时构网型储能设备、4 台 1800 千瓦柴油发电机）和一套源网荷储控制系统，与局部电网共同构成"源网荷储"新型电力系统。试运行期间，项目进行国内首例离网新能源电力系统试验 3 项及实战运行 1 次，全面验证以构网型储能为支撑的特高比例新能源电力系统、纯新能源电力系统的并网友好互动性和离网安全稳定性。

乌兰察布新一代电网友好绿色电站项目是内蒙古自治区首批"源网荷储一体化项目"，2020 年 10 月获得核准批复，建设总规模 200 万千瓦新能源，配套储能 55 万千瓦/110 万千瓦时，一期已建成配套储能 14 万千瓦/28 万千瓦时，二期、三期已于 2023 年 12 月 23 日成功并网发电。项目研发了智慧联合调度中心，研制了风光储场站协调控制器、风光储场站群协调控制器、新能源汇集系统站域保护装置等多套自主知识产权装置，并成功入选国家能源领域首台（套）重大技术装备目录。

此外，2024 年内蒙古自治区能源局确定了两批电网侧独立新型储能电站示范项目清单。被纳入第一批电网侧独立新型储能电站示范项目清单的共 19 个项目，装机容量 187 万千瓦，总投资约 111 亿元，2024 年计划投产 161 万千瓦，2025 年计划投产 26 万千瓦。被纳入第二批电网侧独立新型储能电站示范项目清单的共 11 个项目，装机容量 110 万千瓦，总投资约 81 亿元。分区域来看，蒙西地区共 7 个项目，装机容量 70 万千瓦；分技术路线来看，锂电池储能 67.75 万千瓦，压缩空气储能 20 万千瓦，液流电池储能 21.25 万千瓦，氢储能 1 万千瓦。

8.3 产业布局

2023 年，内蒙古自治区储能装备制造全产业链逐步完善，已投产项目覆盖正、负极材料和隔膜、铝箔、铜箔、导电剂、电芯、PACK、储能系统等产业。截至 2023 年 12 月底，全区已投产储能装备制造项目 21 项，年产值约 490 亿元，可满足 100 万千瓦时储能装机需求；在建项目 26 项，总投资约 554 亿元，年内计划投资 67 亿元，完成投资约 85.7 亿元，投资完成率 128%；拟建项目 10 项，总投资约 416 亿元。

8.4 发展建议

《内蒙古自治区 2024—2025 年新型储能发展专项行动方案》中规划，到 2025 年全区新型储能装机达到 1450 万千瓦 /6500 万千瓦时。为实现发展目标，需加快新能源电站配套新型储能建设进度。建议加快推动已批复电网侧独立新型储能项目尽快落地，并在电网关键节点和偏远地区继续布局建设独立储能电站，提升电网调峰能力，扩大新能源消纳空间。推动开展液流电池、压缩空气、飞轮等独立新型储能电站试点示范，促进新型储能市场化、规模化发展。

9 氢能

9　氢能

9.1　发展现状

作为国家重要的能源和战略资源基地，近年来内蒙古自治区重点布局氢能领域，顺利投产了全国首个万吨级制氢示范项目和全球最大绿色氢氨项目一期工程，下线了首台 100 千瓦级氢燃料电池环卫重卡，投产了年产 2000 台氢燃料电池电堆系统组装线，落地了全球首个万辆级氢能重卡产业链项目。内蒙古氢能产业多点开花不仅是我国氢能产业发展道路上的有力一步，更为氢能产业可持续发展注入了新的活力，促进氢能技术持续进步、科技不断创新，积极引领氢能产业高质量稳步发展。

传统行业制氢具备规模，可再生能源制氢潜力稳步提升

内蒙古自治区氯碱、焦化等工业副产氢资源丰富，全区工业副产氢气超过 130 万吨，具备大规模利用的成本优势。截至 2023 年底，内蒙古自治区提纯利用工业副产氢年产能 5 万吨。其中，液氢 3 万吨，气态氢 2 万吨。此外，一批煤化工龙头企业均已建成一定规模的化石原料制氢项目，全区化石原料制氢潜在产能超 90 万吨。随着市场化项目的逐步推进，截至 2023 年底，全区批复了风光制氢一体化示范项目约 40 个，全部投产后可有效减少制氢领域碳排放。

全国首个万吨级可再生能源制氢项目成功试产

2023 年 6 月，全国首个万吨级可再生能源光伏制氢示范项目——纳日松光伏制氢示范项目在鄂尔多斯市准格尔旗纳日松成功试产。纳日松项目是内蒙古自治区第一批风光制氢一体化示范项目，项目利用露天排土场建设光伏电站，装机规模 40 万千瓦，所发电量 20% 输送至当地电网，剩余 80% 用于绿氢生产。项目安装 15 套 1000 标准立方米/小时的碱性电解水制氢设备，年产氢气约 1 万吨、氧气约 8 万吨。纳日松项目首次大规模使用万安培级 IGBT（绝缘栅双极型晶体管）电源代替传统的晶闸管作为碱性电解槽整流电源，系统综合转化效率更高，确保规模化制氢对电网更加友好，对国内制氢电源技术发展具有引领示范作用。纳日松项目的成功投运，不仅是内蒙古自治区绿氢制取的阶段性关键成果，也为我国万吨级绿电制氢项目规模化、商业化发展提供了宝贵经验。

全球最大绿色氢氨项目一期工程顺利投产

2023年10月，年产152万吨的绿色氢氨项目在赤峰市阿什罕境内开工。项目分三期进行建设，总投资约400亿元。2024年3月，第一阶段30万吨绿色氢氨首期工程顺利实现投产。项目通过首创的零碳产业园模式打造全球最大的绿色氢氨工程，借助新型电力系统的技术突破，实现风光储同氢氨醇生产的高效耦合，解决了零碳氢能发展的重大成本挑战。目前产出的第一罐液氨使用了100%的绿色电力，为赤峰经济技术开发区内工业生产提供零碳氨、氢、氧、氮等工业气体产品，削减园区碳排放量，依托零碳工业气体产品优势及先进贮能型空分工艺，将元宝山化工园区打造成零碳化工园区。这是全球绿色氢能发展的重要里程碑工程，对绿氢在工业领域加快替代应用起到了积极的推进作用。

氢能交通"制储运用"全产业链率先建成

2024年3月，自治区"风光氢储车"产业生态链启动暨氢能源车辆交车和氢能储运工程研究中心揭牌仪式在包头市举办。以华电20万千瓦新能源制氢示范项目开发建设为牵引，加快"风光氢储车"产业链构建，推动新能源重卡制造、燃料电池系统化集成、氢燃料电池电堆生产、数字储能装备制造、换电和加氢设备制造等相关产业集群式落地，助力清洁低碳能源和交通体系建设一体化融合发展，打通氢能项目"制储运用"全产业链，填补绿氢领域在交通运输系统的空白。

氢能应用场景持续拓展

依托鄂尔多斯市、包头市、乌海市分别被列入国家燃料电池汽车示范应用上海市、广东省、河北省城市群名录，内蒙古自治区持续开展燃料电池采运矿车、公交车、物流车、大巴车、重卡车等示范应用及加氢站建设工作，2023年，共完成燃料电池汽车示范应用85辆，加氢站建设10座（5座撬装加氢站、5座固定加氢站）。新增氢燃料电池重卡煤矿区至集运站、工业园区应用场景。

氢能发展政策体系逐步完善

为进一步落实《内蒙古自治区人民政府办公厅关于推动全区风电光伏新能源产业高质量发展的意见》（内政办发〔2022〕19号）、《内蒙古自治区人民政府办公厅关于促进氢能产业高质量发展的意见》（内政办发〔2022〕15号），推进风光制氢一体化项目建设，2023年，内蒙古自治区能源局发布《内蒙古自治区风光制氢一体化项目实施细则2023年修订版（试行）》，围绕风光制氢一体化项目申报条件、建设管理、申报审批、组织实施保障等方面制定促进措施，积极引领氢能产业高质量稳步发展。2023年4月，自治区印发《内蒙古自治区住房和城乡建设厅关于推进加氢站管理的通知》，建立月调度机制，按月调度各地加氢站管理工作开展情况。2024年2月，内蒙古自治区能源局、应急管理厅、工信厅联合发布《关于加快推进氢能产业发展的通知》，明确允许在化工园区外建设太阳能、风能等可再生能源电解水制氢项目和制氢加氢站，且无须取得危险化学品安全生产许可。2024年6月，内蒙古自治区人民政府办公厅印发《关于进一步加快推动氢能产业高质量发展的通知》（内政办发〔2024〕24号），推动提升氢能产业科技创新能力、加快氢能基础设施建设和应用场景试验示范，促进氢能产业发展壮大，推进氢能产业高质量发展再上新台阶。相关政策的发布，完善了自治区氢能产业发展的关键要素，迈出了化工园区外制氢、建设加氢站的坚实一步，有效推动内蒙古自治区绿氢项目建设，为全国绿氢产业发展提供了参照。

9.2 技术水平

在内蒙古自治区政府的大力支持下，具有自主知识产权和国际先进水平的制氢产品设备、生产工艺、应用终端成功下线，标志着自治区在制氢、输氢、用氢等产业上、中、下游技术攻关能力稳步提升，成果逐步凸显，氢能技术水平持续提升。

可再生能源制氢技术不断创新

随着制氢度电成本的逐步下降，内蒙古自治区有效推进电解水制氢技术的规模化应用。首台第二代1500标准立方米/小时高温碱性制氢电解槽、第三代0.2兆瓦超低能耗高温碱性制氢电解槽、首台套单台产气量最大2000标准立方米/小时电解槽的成功下线，增强了内蒙古自治区制氢技术的实力，同时也为不具备优势的其他制氢技术提供了经验及技术指导，助力规模化绿色制氢技术水平稳步提升。

氢能储输技术取得突破

内蒙古自治区目前已在输氢方面拥有一定技术储备，国内首个工业副产氢持续氢源中低压纯氢和掺氢燃气管道试验平台已建成，为氢气储运技术研发持续进步夯实基础，有利于充分发挥区内高校和科研机构的科研实力，持续实现技术突破。固态储氢方式是最具发展潜力的一种储氢方式，能有效克服高压气态和低温液态储氢方式的不足，大幅度提高储氢技术安全性，内蒙古自治区相关科研机构目前已在新型固态储氢材料等领域取得一定突破。

氢能应用终端生产技术水平持续提高

依托国家燃料电池汽车示范应用城市群区位优势，在氢能应用终端制备技术研发上持续投入，成功研发国内首台具有自主知识产权、国际先进水平70兆帕加氢机，同时，国内首台氢能机车在国家电投内蒙古公司锦白铁路成功试运行，标志着内蒙古自治区应用终端核心材料和关键部件自主化技术快速进步，批量生产工艺获得明显成效，关键生产环节实现技术突破，有力助推氢能产业可持续发展。

9.3 发展趋势及特点

政策体系完善引领产业可持续发展

为促进氢能产业长期健康发展，内蒙古自治区从政策层面进行宏观规划和设计，通过明确产业发展的战略方向和目标、关注产业可持续发展的关键要素、注重政策的协同性和整体性、注重政策的可持续性和长效性等确保政策和产业发展目标一致，形成协调统一的政策体系，引领氢能产业可持续发展。

2023年发布的《内蒙古自治区风光制氢一体化项目实施细则2023年修订版（试行）》不仅能够推动氢能与新能源耦合发展，促进氢能与交通、化工、冶金等行业有机融合，同时也为研究制定氢能产业各个领域相关支持性政策提供可行性指导。

实现绿电效益最大化

面对新能源的高度波动性和不确定性等特点，内蒙古自治区通过开展市场化风光制氢一体化项目，将新能源绿电和制氢结合起来，优化新能源制氢结合方式，发挥各自优势，持续摸索技术发展模式，促进波动性新能源消纳利用，加快推进绿氢规模化生产，实现绿电消纳和绿氢制取耦合发展。

打通绿氢闭环商业模式

内蒙古自治区依托良好资源禀赋及特有区属电网优势，持续发布支持政策，支撑新能源制氢一体化项目发展，允许部分新能源制氢项目占用盟市保障性消纳空间，上网电费按照自治区电力市场相关要求执行。在全国率先支持企业售氢售电，以售电支持售氢，激发新能源企业发展动力，助力新能源产业进一步规模化发展，推进新能源"产学研用"一体化进程，推动技术发展，降低绿电成本，从而反哺制氢规模的提升，打通绿氢闭环商业模式，形成"由氢惠氢"的绿氢商业闭环场景。

9.4 发展建议

持续完善政策体系

持续细化出台氢能领域支持及引导性政策文件，推动完善内蒙古自治区风光制氢一体化项目的规范、标准、管理办法，通过制定倾斜性、高效性、优惠性政策及措施，吸引更多企业和资本进入氢能领域，推动氢能产业快速持续发展。

挖掘潜在应用场景，拓宽多元消纳途径

在工业领域，依托工业集聚区开展绿氢化工、氢冶金、晶硅领域绿氢替代灰氢示范；在交通领域，紧抓鄂尔多斯市、包头市、乌海市被列入国家燃料电池汽车示范应用城市群名录机遇，积极开展燃料电池采运矿车、公交车、物流车、大巴车、重卡车等示范应用；在能源领域，推动气电掺氢、二氧化碳加氢制取甲醇、纯氢冶炼等项目示范。

推动绿氢和石化产业一体化发展

立足内蒙古自治区氢能和石化产业发展情况，开展"绿氢石化+"技术研究，重点突破绿氢石化产业应用中的关键核心技术，提升系统集成技术水平，拓展应用场景，以绿氢石化制取、安全储输、高效利用及氢电耦合为研发重点，开展关键技术材料和零部件技术研究与应用示范，积极提升绿氢石化领域创新能力。引进一批具有带动作用的大型绿氢石化产业及关键技术研发企业在区内落户，培育产业链核心企业、短板企业。以绿氢石化产业为纽带，促进煤炭化工、新能源、新材料、交通、新一代集成系统等行业的高效协同发展。

加大电解槽等关键装备招引力度

电解槽作为可再生能源制氢的关键装备，在制氢系统总成本中的占比约50%。随着规模化风光制氢的快速发展，以电解槽为代表的制氢设备需求缺口巨大。在布局建设风光制氢项目的同时，瞄准派瑞氢能（中船重工七一八所）、考克利尔竞立、隆基氢能、天津大陆、赛克赛斯氢能等电解槽行业龙头企业，开展产业链招商、绿电招商，支撑风光制氢大规模发展。

加快推进氢能在交通领域应用的试点示范

积极推动燃料电池重卡示范应用，不断完善配套基础设施建设。一是加快风光制氢项目建设进度，为重卡示范应用提供氢能保障。二是加大与周边煤矿、电厂、物流园区协调力度，在具备条件的线路陆续开通运营，根据新能源车辆购置和推广水平逐年递增运力，在工矿园区打造新能源车辆绿色通行试点区，为新能源车辆提供充足的运力保障。三是在有条件地区统筹布局氢能重卡应用场景，以煤矿为应用场景，牵头申报建设氢燃料电池示范城市群。四是推动国家规划建设"绿氢进京"新通道。

推进加氢站建设布局

鼓励高速公路经营单位抢抓机遇、主动服务，推进公路基础设施向充电、充能领域延伸，将加氢站建设作为提升服务水平的重要方面。积极支持氢能企业在充分考虑高速公路服务区使用面积和安全性的前提下，选择具备条件的高速公路服务区，试点开展加氢站建设。新建高速公路项目预留加氢站建设条件，综合考虑建设位置和服务功能，从规划、建设、运营管理上加大督导力度，有序推进内蒙古自治区加氢站的建设工作，积极探索建设"油气电氢"一体化综合能源补给站。

10　市场化并网消纳新能源项目

为提升可再生能源开发水平和利用效率，拓展新能源消纳空间及应用场景，加快构建清洁低碳、安全高效的能源体系，2022年7月，内蒙古自治区能源局印发了工业园区绿色供电项目、全额自发自用新能源项目、火电灵活性改造消纳新能源项目、源网荷储一体化项目、燃煤自备电厂可再生能源替代工程和风光制氢一体化示范项目六类市场化并网消纳新能源项目实施细则，并组织了项目申报工作。

为进一步推动新能源高质量全面争先发展，发挥新能源消纳在推动新能源大规模开发和高比例应用方面的基础和关键作用，高质量有序推进内蒙古自治区市场化并网消纳新能源项目建设，2023年11月，经自治区人民政府同意，自治区能源局修订并出台2023年版六类市场化实施细则，结合实施经验对市场化模式进行了优化。一是拓宽了对新增负荷的定义范围，允许已报装但供电工程尚未开工的用电项目、国家鼓励绿色替代的存量用电项目或与电网企业协商一致可替代的存量用电项目参与市场化项目申报。二是放宽了自主调峰的相关要求，要求优化储能配置方案，鼓励采用可调节柔性负荷，不给公网系统增加调峰压力。三是明确了新能源、负荷、储能的投产时序要求，要求新能源项目不得早于新增负荷、储能设施投产。四是对于源网荷储一体化项目、风光制氢一体化项目、全额自发自用新能源项目、燃煤自备电厂可再生能源替代工程的自发自用电量暂不征收系统备用费和政策性交叉补贴，待国家相应政策出台后，按国家政策执行。

截至2023年底，全区共批复各类市场化项目182个，总规模6894万千瓦（包含已废止项目）。

工业园区绿色供电项目

工业园区绿色供电项目是基于园区新增负荷用能需求配置相应规模新能源的市场化项目，坚持自我消纳原则，从而提高终端用能的新能源电力比重，具体包括园区新增负荷绿色供电项目和增量配电网绿色供电项目两类。园区新增负荷绿色供电项目新能源装机规模要与园区新增负荷规模相匹配，新能源发电量全部由新增负荷消纳，不得向公网反送电。增量配电网绿色供电项目针对列入国家或内蒙古自治区改革试点的增量配电网区域，根据新增负荷需求建设新能源，提升增量配电网可再生能源电量比重。截至2023年底，在建待建工业园区绿色供电项目44个，配建新能源规模1834万千瓦。

源网荷储一体化项目

源网荷储一体化项目需按照自我消纳、自主调峰的原则，不向公用电网反送电，电源、电网、负荷、储能应为同一投资主体控股，作为一个市场主体运营。新增负荷应取得相关主管部门的核准（备案）文件，原则上年总用电量不少于 3 亿千瓦时，可分期分批投产，须在申报方案中明确分期分批投产方案。

新能源规模原则上应根据新增负荷规模、用电特性、储能容量等因素确定，新能源综合利用率不低于 90%。一体化项目作为一个整体接入公用电网，与公用电网形成清晰的物理分界面，新能源直接接入用户变电站。项目须同步建设调控平台，作为一个整体接受公用电网统一调度。截至 2023 年底，在建待建源网荷储一体化项目 9 个，配建新能源规模 659 万千瓦。

风光制氢一体化项目

风光制氢一体化项目的电源、电网、制氢、储能等部分应为同一投资主体控股，作为一个市场主体运营，建设运行期内须按照同一法人统一经营管理。项目申报时须落实氢气应用场景，提供氢气消纳协议，鼓励自身具备用氢场景的企业建设风光制氢一体化项目。鼓励利用非常规水源制氢，禁止采用地下水制氢。项目可分期投产，但最多分两期，须在申报方案中明确具体分期投产方案。

风光制氢一体化项目分为并网型和离网型。并网型示范项目按照不超过制氢所需电量的 1.2 倍确定新能源规模，具备独立市场主体地位，可向电网送电，年上网电量不超过年总发电量的 20%，年下网电量不超过项目年总用电量的 10%，上、下网电费按照内蒙古自治区电力市场相关要求执行。待国家相应政策出台后，按国家政策执行。离网型示范项目按照制氢所需电量确定新能源规模，新能源综合利用率不低于 90%。截至 2023 年底，在建待建风光制氢一体化项目 38 个，配建新能源规模 2024 万千瓦。

全额自发自用新能源项目

全额自发自用新能源项目利用新增负荷或厂用电负荷配建新能源项目，坚持全额消纳、不向公共电网反送电的原则。项目适用于 5 类场景：一是在自有建设用地或周边符合新能源建设要求地块，建设全额自发自用分散式风电项目，容量不超过 5 万千瓦；二是在自有建设用地或周边符合新能源建设要求地块，建设全额自发自用分布式光伏项目，容量不超过 0.6 万千瓦；三是利用高速公路两侧边坡，建设全额自发自用光伏项目，用于服务区充电基础设施等新增负荷；四是利用露天排土场等生态治理区域，用于矿用重卡等新增矿区用电（矿区开采剩余年限不少于 10 年）的全额自发自用光伏项目；五是利用燃煤电厂自有建设用地或周边符合新能源建设要求地块，用于厂用电负荷建设新能源项目，不超过机组容量8%。截至2023年底，在建待建全额自发自用新能源项目24个，配建新能源规模35万千瓦。

燃煤自备电厂可再生能源替代工程

燃煤自备电厂可再生能源替代工程是基于自备电厂的调峰空间，配置相匹配的新能源规模，新能源所发电量替代自备电厂原有供电量。新能源建设企业和燃煤自备电厂须是同一法人或同一集团控股法人。新能源与其自备电厂均不得向其他企业供电，不得向公网送电，不占用公网调峰资源及消纳空间。鼓励燃煤自备电厂实施深度灵活性改造以增加电厂调峰空间。配置新能源规模不高于自备电厂调峰能力，与自备电厂的最大总出力不变，不得占用公网调峰资源。截至2023年底，在建待建燃煤自备电厂可再生能源替代工程项目7个，配建新能源规模365万千瓦。

火电灵活性改造消纳新能源项目

火电灵活性改造消纳新能源项目适用于内蒙古自治区内自用燃煤电厂（不含自备电厂）火电灵活性改造，根据燃煤电厂新增调节能力，按照多能互补、不增加系统调峰压力的原则，在确保电力系统安全稳定运行的前提下，煤电与新能源实质性联营，规模化、集约化开发建设新能源。由内蒙古自治区内发电集团统筹本区域内火电灵活性改造，整合新增调节空间，按照新增调节空间1:1确定新能源规模。配建的新能源要与相应的灵活性改造的燃煤电厂实现实质性联营，新能源具体运行模式由发电企业与电网企业协商确定。截至2023年底，在建待建火电灵活性改造消纳新能源项目26个，配建新能源规模851万千瓦。

11　防沙治沙和风电光伏一体化工程

11 防沙治沙和风电光伏一体化工程

内蒙古自治区地处"三北"地区，境内分布有腾格里、巴丹吉林、库布齐、乌兰布和四大沙漠和毛乌素、科尔沁、浑善达克、呼伦贝尔四大沙地，是全国荒漠化和沙化土地最为集中、危害最为严重的省份之一。但沙漠、沙地区域新能源资源丰富、地广人稀，四大沙地、四大沙漠新能源开发潜力占内蒙古自治区开发潜力的75%以上，已成为新能源开发布局的重点区域。

近年来，内蒙古自治区立足我国北方重要生态安全屏障、国家重要能源基地战略定位，科学利用沙漠、戈壁、荒漠等地区，大力发展绿色清洁能源，全面推进新能源开发与生态环境保护融合发展，光伏治沙装机规模快速增长。截至2023年底，全区光伏治沙装机总规模达920万千瓦，实现沙化土地治理面积约30万亩。

11.1 内蒙古自治区光伏治沙行动实施方案

2014年以来，习近平总书记三次考察内蒙古、五次参加全国人大会议内蒙古代表团审议，特别是2023年6月再次亲临内蒙古自治区考察，进一步为内蒙古确立了建设我国北方重要生态安全屏障、国家重要能源和战略资源基地的战略定位，为自治区全力打好"三北"攻坚战、科学防沙治沙、大力发展新能源擘画了新蓝图。国家"十四五"和"十五五"期间，重点在库布齐、乌兰布和、腾格里和巴丹吉林四大沙漠边缘及周边地区布局建设大型风电光伏基地，配套建设电力外送通道，为内蒙古自治区在沙漠、荒漠地区发展新能源拓展了新空间。内蒙古自治区围绕全方位建设"模范自治区"，推广库布齐沙漠治理经验，为新能源开发与生态保护融合发展注入了新动力。内蒙古自治区正在着力优化经济布局，深入调整产业结构，扎实推进乡村振兴，转变能源开发利用方式，为调动农牧民、企业等各方参与新能源沙漠治理提供了新契机。

为全面贯彻习近平总书记考察内蒙古时的重要指示和重要讲话精神，2023年11月内蒙古自治区人民政府办公厅印发《内蒙古自治区光伏治沙行动实施方案》，立足能源产业优势，坚持科学治沙，有效推进沙漠化综合防治，助力打好"三北"工程攻坚战，以光伏防沙治沙为主攻方向，积极推广库布齐沙漠治理模式和磴口光伏生态治理模式，创新机制，调动企业、农牧民等各方参与光伏治沙的积极性。规划到2030年，光伏治沙装机规模达8900万千瓦，完成光伏治沙面积230万亩，为构筑我国北方重要生态安全屏障贡献能源力量。

11.2　防沙治沙和风电光伏一体化工程推进方案

为充分发挥新能源开发的牵引支撑作用，放大绿电开发乘数效应，提升经济、生态、社会综合效益，内蒙古自治区第十一届委员会第七次全体会议暨全区经济工作会提出实施防沙治沙和风电光伏一体化工程，把"三北"工程攻坚战和新能源结合起来统筹推进，创新投融资体制机制，充分激发社会力量参与积极性，并于2024年第一季度印发了《防沙治沙和风电光伏一体化工程推进方案》，推动经济发展、增加群众收入，产生"1 + 1>2"的效果。

根据推进方案布局，规划到2030年内蒙古自治区防沙治沙和风电光伏一体化新能源装机达到1.19亿千瓦，配套治理沙化土地1151万亩。按照"三北"工程六期规划总体布局，一体化工程重点布局在三大标志性战役区域，其中黄河"几字弯"攻坚战区到2030年布局新能源装机8990万千瓦，完成沙化土地综合治理748万亩；科尔沁、浑善达克沙地歼灭战区到2030年布局新能源装机2460万千瓦，完成沙化土地综合治理342万亩；河西走廊—塔克拉玛干沙漠边缘阻击战区到2030年布局新能源装机450万千瓦，完成沙化土地综合治理61万亩。

运用市场机制，创新建设模式，努力实现生态效益与经济效益共赢。按照"谁治理，谁受益"思路，以防沙治沙和新能源经济效益吸引企业参与，调动生态建设积极性。为一体化项目实施主体配备保障性新能源指标，实施主体拿出一定比例收益，按照光伏装机不低于1200亩/万千瓦、风电装机不低于2000亩/万千瓦的标准，开展沙化土地综合治理。

科学测算消纳空间，做好保量稳价工作。对新开发项目，科学测算预期消纳空间，充分发挥保障性新能源在一体化项目中的牵引支撑作用，为承担一体化工程的实施主体配备新能源指标，有序推进项目建设。做好保量稳价收购工作，稳定项目发电收益，一体化项目电量可全部参与电力市场交易，力争保障光伏电站年上网小时数达到1700小时，风电电站年上网小时数2500小时。

明确项目建设标准，推动项目高质量建设。坚持生态综合治理与适度开发利用相结合，因地制宜，明确建设模式、乡土草种树种名录及组件最低点离地距离、列间距、基础形式等建设要求，明确治理后需达到的沙化土地综合植被盖度和林草综合植被盖度等治理要求，研究编制《沙化土地综合治理技术规程》和《光伏项目防沙治沙技术规程》，涵盖生态治理模式、投资标准、验收、养护抚育等量化指标，做到有据可依、有据必依，引导一体化项目高质量建设。

建管护一体推进，建立多方参与机制。对一体化项目建设、管理、维护进行全周期监管；实施主体要在每个治理片区单建或联建成效监测站，建立养护长效机制，确保项目"建一个成一个、发挥效益一个"。对于未达到建设标准要求或治理效果明显退化的，责令限期整改，整改不到位的，采取控制电站出力（调减上网电量）等措施，让大企业、小主体结对承担、捆绑建设、利益分成，确保不出现"半拉子"工程，保证治理成效长期稳定、巩固提升。

12　政策要点

12.1 综合类政策

2023年，国家在加强监督管理、完善体制机制、推动绿色发展、提高消纳水平、助力乡村振兴、推进区域高质量发展等方面，出台了一系列的政策和措施，推进可再生能源行业高质量发展。

（1）2023年1月，为深入贯彻落实党中央、国务院有关决策部署，扎实做好2023年能源监管工作，持续推动能源高质量发展，国家能源局研究制定了《2023年能源监管工作要点》（国能发监管〔2023〕4号），明确了2023年能源监管工作的总体思路，以服务新时代国家能源安全、保障能源供给为目标，紧紧围绕电力市场秩序、安全生产、供电服务、资质信用、国家重大规划政策和项目落地等监管工作主责主业，全面推进高质量监管。

（2）2023年2月，国家能源局印发《加快油气勘探开发与新能源融合发展行动方案（2023—2025年）》，提出以高质量发展为主题，以改革创新为动力，坚持油气勘探开发与新能源融合大规模发展，实施陆上、海上清洁替代行动。推动油气开发企业提高油气商品供应量、新能源开发利用和存储能力，推动能源清洁低碳、安全高效开发利用。

（3）2023年3月，为加大乡村清洁能源建设力度，助力全面推进乡村振兴，《国家能源局 生态环境部 农业农村部 国家乡村振兴局关于组织开展农村能源革命试点县建设的通知》（国能发新能〔2023〕23号）发布，要求各地因地制宜打造深入推进农村能源革命、助力实现乡村振兴的示范和样板，合法合规、统筹利用好各领域支持政策，加强指导协调和监督管理，高效高质完成试点县建设目标任务。

（4）2023年3月，国家能源局发布《关于加快推进能源数字化智能化发展的若干意见》（国能发科技〔2023〕27号），提出推动数字技术与能源产业发展深度融合，加强传统能源与数字化智能化技术相融合的新型基础设施建设，释放能源数据要素价值潜力，强化网络与信息安全保障，有效提升能源数字化智能化发展水平，促进能源数字经济和绿色低碳循环经济发展，构建清洁低碳、安全高效的能源体系，为积极稳妥推进碳达峰碳中和提供有力支撑。

（5）2023年4月，为深入贯彻落实党中央、国务院有关决策部署，扎实做好2023年能源工作，持续推动能源产业高质量发展，国家能源局研究制定了《2023年能源工作指导意见》（国能发规划〔2023〕30号），明确了2023年能源工作主要目标，并提出增强能源供应保障能力、推进能源绿色低碳转型、提升能源产业现代化水平、推动区域能源协调发展、加强能源治理能力建设、扩大能源领域高水平开放合作等方面的重要工作举措。

（6）2023 年 5 月，《国家能源局关于开展电力系统调节性电源建设运营综合监管工作的通知》（国能发监管〔2023〕39 号）印发，提出开展抽水蓄能、煤电灵活性改造机组、燃气发电、调节性水电、新型储能等灵活调节性电源及资源建设运营综合监管，全面摸清底数，聚焦突出问题，推动相关政策完善落实，切实发挥调节性电源及资源在提升电力系统整体运行效率、保障电网安全稳定运行、促进清洁能源消纳等方面的支撑作用，助力新型电力系统建设和能源高质量发展。

（7）2023 年 6 月，国家能源局正式发布《新型电力系统发展蓝皮书》，全面阐述了新型电力系统的发展理念、内涵特征，制定"三步走"发展路径，并提出构建新型电力系统的总体架构和重点任务。同时明确，要加强电力供应支撑体系、新能源开发利用体系、储能规模化布局应用体系、电力系统智慧化运行体系等四大体系建设，强化适应新型电力系统的标准规范、核心技术与重大装备、相关政策与体制机制创新的基础支撑作用。

（8）2023 年 9 月，为加快推进电力市场建设，规范电力现货市场的运营和管理，国家发展改革委、国家能源局发布《电力现货市场基本规则（试行）》（发改能源规〔2023〕1217 号），在指导规范电力现货市场建设，构建全国统一电力市场体系，提升电力安全保供能力，支撑国家能源安全，构建适合新能源发展的电力市场体系，助力新型电力系统建设，有效激发市场活力，探索新型主体参与电力市场的新模式、新机制等方面具有重要意义。

（9）2023 年 10 月，《国务院关于推动内蒙古高质量发展奋力书写中国式现代化新篇章的意见》（国发〔2023〕16 号）发布，要求以生态优先、绿色发展为导向，加快经济结构战略性调整，探索资源型地区转型发展新路径，推动内蒙古在建设"两个屏障""两个基地""一个桥头堡"上展现新作为，切实提升保障国家生态、能源、粮食、产业和边疆安全功能，全方位建设"模范自治区"，打造服务保障全国高质量发展的重要支撑。

（10）2023 年 12 月，为贯彻落实《国务院关于推动内蒙古高质量发展奋力书写中国式现代化新篇章的意见》，国家林草局和内蒙古自治区人民政府联合印发《共同推进林草高质量发展的若干措施》，从政策、资金、项目等多方面支持内蒙古林草事业高质量发展，并在新能源方面提出支持在巴彦淖尔、鄂尔多斯、阿拉善等地建设一批光伏治沙基地，推广"光伏+"模式。

12.2 可再生能源类政策

2023 年，国家和内蒙古自治区出台多项政策和措施推进可再生能源高质量发展，包括规范用地管理、推进抽水蓄能及新型储能发展、促进氢能发展、提升消纳能力、完善体制机制等方面。

（1）2023 年 3 月，《国家能源局综合司关于推动光热发电规模化发展有关事项的通知》（国能综通新能〔2023〕28 号）印发，通知要求内蒙古、甘肃、青海、新疆等光热发电重点省份能源主管部门积极推进光热发电项目规划建设，力争"十四五"期间，全国光热发电每年新增开工规模达到 300 万千瓦左右。光热发电规模暂按内蒙古 80 万千瓦，甘肃 70 万千瓦，青海 100 万千瓦，宁夏 10 万千瓦，新疆 20 万千瓦配置。

（2）2023 年 3 月，自然资源部办公厅、国家林业和草原局办公室、国家能源局综合司联合印发《关于支持光伏发电产业发展规范用地管理有关工作的通知》（自然资办发〔2023〕12 号），提出光伏发电项目用地实行分类管理，光伏方阵用地不得占用耕地，占用其他农用地的，应根据实际合理控制，节约集约用地，尽量避免对生态和农业生产造成影响。光伏方阵用地涉及使用林地的，须采用林光互补模式。

（3）2023 年 4 月，《国家能源局综合司关于进一步做好抽水蓄能规划建设工作有关事项的通知》（国能综通新能〔2023〕47 号）提出，抽水蓄能对构建新型电力系统、促进能源绿色低碳转型意义重大，但与其他常规电源不同，抽水蓄能电站本身并不增加电力供应，其功能作用主要是为电力系统提供调节服务，应根据新能源发展和电力系统运行需要，科学规划、合理布局、有序建设，以抽水蓄能高质量发展促进、保障能源高质量发展。

（4）2023 年 5 月，《内蒙古自治区支持光伏发电产业发展规范用地管理实施细则》（内自然资发〔2023〕026 号）印发。根据文件要求，严禁新建、扩建光伏发电项目占用永久基本农田、基本草原、Ⅰ级保护林地和东北内蒙古重点国有林区；严禁光伏方阵用地占用耕地。

（5）2023 年 6 月，国家能源局印发《风电场改造升级和退役管理办法》（国能发新能规〔2023〕45 号），提出对并网运行超过 15 年或单台机组容量小于 1.5 兆瓦风电机组进行"以大代小，以优代劣"，相应对配套升压变电站、场内集电线路等设施进行更换或技术改造升级，从而实现风电场提质增效，一般分为增容改造和等容改造两种。

（6）2023 年 7 月，《国家发展改革委 财政部 国家能源局关于做好可再生能源绿色电力证书全覆盖工作 促进可再生能源电力消费的通知》（发改能源〔2023〕1044 号）发布，进一步健全完善可再生能源绿证制度，明确绿证适用范围，规范绿证核发，健全绿证交易，扩大绿电消费，完善绿证应用，实现绿证对可再生能源电力的全覆盖。

（7）2023 年 8 月，为助力实现碳达峰、碳中和目标，加快规划建设新型能源体系，推动可再生能源高质量发展，国家发展改革委办公厅、国家能源局综合司发布《关于 2023 年可再生能源电力消纳责任权重及有关事项的通知》，明确各省（自治区、直辖市）2023 年可再生能源电力消纳责任权重以及 2024 年再生能源电力消纳责任权重预期目标。

（8）2023 年 8 月，为规范全区农林生物质发电项目管理，推动农林生物质发电高质量发展，内蒙古自治区能源局印发《内蒙古自治区农林生物质发电项目管理暂行办法》（内能新能字〔2023〕824 号），对全区范围内拟建、在建、已投产的农林生物质发电项目，从核准管理、建设管理、运营管理等方面提出了要求。

（9）2023年9月，国家能源局印发《关于组织开展可再生能源发展试点示范的通知》（国能发新能〔2023〕66号），通过组织开展可再生能源试点示范，支持培育可再生能源新技术、新模式、新业态，拓展可再生能源应用场景，着力推动可再生能源技术进步、成本下降、效率提升、机制完善，为促进可再生能源高质量跃升发展、加快规划建设新型能源体系、如期实现碳达峰碳中和目标任务提供有力支撑。

（10）2023年10月，为进一步规范可再生能源发电项目电力业务许可管理，助力推动能源绿色低碳高质量发展，国家能源局印发《关于进一步规范可再生能源发电项目电力业务许可管理的通知》（国能发资质规〔2023〕67号），通知明确可再生能源发电项目相关管理人员兼任范围，规范可再生能源发电项目许可登记，调整可再生能源发电项目（机组）许可延续政策，明确异地注册企业电力业务许可管理职责等。

（11）2023年10月，《内蒙古自治区人民政府办公厅关于印发自治区新能源倍增行动实施方案的通知》（内政办发〔2023〕69号）指出，内蒙古将推动"十四五"后三年每年新增新能源发电装机约3000万千瓦，力争到2025年，全区新能源发电装机达到1.5亿千瓦以上，发电量达到3000亿千瓦时，跨省跨区外送电量超过1000亿千瓦时，均比2022年实现倍增；到2030年，新能源装机规模超过3亿千瓦，发电量接近6000亿千瓦时，跨省跨区外送电量达到2000亿千瓦时。

（12）2023年10月，《内蒙古自治区人民政府办公厅关于印发自治区光伏治沙行动实施方案的通知》（内政办发〔2023〕70号）提出，到2025年，光伏治沙装机规模超2140万千瓦，年发电量约360亿千瓦时，完成光伏治沙面积64万亩；到2030年，光伏治沙装机规模8900万千瓦，年发电量1500亿千瓦时，完成光伏治沙面积约230万亩，板下经济快速增长。

（13）2023年11月，《内蒙古自治区能源局关于印发〈内蒙古自治区工业园区绿色供电项目实施细则2023年修订版（试行）〉等六个市场化实施细则的通知》（内能新能字〔2023〕1071号）对园区绿电替代、全额自发自用新能源及火电灵改消纳新能源相关项目的申报条件、运营管理、申报审批、组织实施、监督管理等提出了明确要求。

（14）2023年11月，为深入贯彻落实国家和内蒙古自治区新型储能有关规定，加快推动新型储能市场化、产业化、规模化发展，有序推进新型储能试点示范项目建设，《内蒙古自治区能源局 内蒙古自治区发展和改革委员会 内蒙古自治区工业和信息化厅关于印发〈内蒙古自治区独立新型储能电站项目实施细则（暂行）〉的通知》对全区独立新型储能电站项目的建设、运行和管理提出了要求。

（15）2023年12月，为进一步推动新能源高质量全面争先发展，发挥新能源消纳在推动新能源大规模开发和高比例应用方面的基础和关键作用，有效提升全社会消纳新能源水平，《内蒙古自治区人民政府办公厅关于促进新能源消纳若干举措的通知》（内政办发〔2023〕81号）印发，在提升自用新能源消纳水平、扩大新能源外送规模、提升电力系统调节能力、完善新能源价格和市场交易政策等多方面提出了重要举措。

13 热点研究

国家"沙戈荒"新能源基地建设稳步提速

内蒙古自治区充分发挥自身区位及资源优势，积极参与国家三批以沙漠、戈壁、荒漠地区为重点的百万千瓦级和蒙西四大沙漠千万千瓦级风光基地的规划与建设。国家第一批以沙漠、戈壁、荒漠地区为重点的大型风电光伏基地建设项目共 35 个，总规模 2020 万千瓦，截至 2024 年 2 月，已并网 1920 万千瓦，剩余 100 万千瓦预计 2024 年完成并网。国家第二批大型风电光伏基地建设名单共 5 个项目，总规模 1188 万千瓦，正在稳步推进。国家第三批大型风电光伏基地正式清单共 14 个项目，总规模 2280 万千瓦，正在有序推进前期工作。千万千瓦级风光基地已在乌兰布和、库布齐、腾格里沙漠地区获批 4 个项目，新能源总装机规模 4800 万千瓦，各项目对应 200 万千瓦先导工程已陆续开工，其中库布齐沙漠鄂尔多斯中北部新能源基地先导工程已并网 100 万千瓦，其余均计划 2024 年并网。

防沙治沙和风电光伏一体化项目建设

为推动我国北方重要生态安全屏障、国家重要能源和战略资源基地建设，促进防沙治沙与风电光伏开发的有机融合，内蒙古自治区人民政府印发《内蒙古自治区防沙治沙和风电光伏一体化工程推进方案》，项目涵盖阿拉善、鄂尔多斯、巴彦淖尔、乌兰察布、锡林郭勒、赤峰、通辽、兴安 8 个盟市，统筹考虑新能源项目开发、水资源条件和环境承载能力，探索不同条件下风电光伏治沙的有效方案，助力荒漠化综合防治。

零碳（低碳）产业园区试点示范研究

工业园区的绿色低碳转型是实现"双碳"目标的重要抓手。在高新技术企业密集地区建设零碳（低碳）产业园试点示范，加快培育一批具备零碳（低碳）产业基础的重点企业，将新能源与先进工业技术相结合，同时以智能化、高效率的增量配电网为重要载体，打造超低排放、智慧用能的"样板间"。

老旧风电场改造升级探索

风电场大机组代替小机组、高效先进机组代替落后机组已经成为全球风电发展趋势之一。2023 年 6 月，国家能源局印发《风电场改造升级和退役管理办法》，鼓励并网运行超过 15 年或单台机组容量小于 1.5 兆瓦的风电场开展升级改造；2024 年 4 月，内蒙古自治区能源局印发《关于开展 2024 年风电场改造升级和退役申报工作的通知》，启动自治区风电场改造升级工作，鼓励满足条件的老旧风电场申报改造升级，探索通过技术手段提高风电场资源利用效率和发电水平。

低成本光热发电研究

光热发电存在系统复杂、成本高的特点，度电成本居高不下。结合内蒙古地区光热资源丰富的特点，开展大容量机组、低成本镜场、高效集热系统、大容量储热系统和高精度智能化控制系统等技术研究，以及一体化调度、一体化运行模式研究，探索低度电成本光热发电的实现路径，促进光热发电降本增效和规模化发展。

抽水蓄能应用研究

在构建以新能源为主体的新型电力系统、实现"双碳"目标的新形势下，发展抽水蓄能电站势在必行。抽水蓄能电站运行灵活，是电力系统主要的调节电源，对保障电网安全稳定运行、促进新能源消纳、构建以新能源为主体的新型电力系统具有重要意义。内蒙古自治区将结合全国抽水蓄能中长期发展规划，推进抽水蓄能电站规划建设。

"新能源+"市场化应用场景研究

在实施工业园区可再生能源替代、源网荷储一体化、风光制氢一体化、燃煤电厂可再生能源替代、火电灵活性改造市场化项目基础上，开展更多"新能源+"市场化应用场景研究，持续提升新能源消纳能力。发挥新能源、负荷、储能协调互济能力，提高清洁能源占比和工业整体能效，探索"碳达峰、碳中和"先行示范。

地热能供暖研究

按照中深层地热供暖、浅层地源热泵供暖、中深层地埋管供暖、地热中低温发电等路径，开展地热资源高效开发利用关键技术研究，实现地热能综合、梯次高效开发利用。因地制宜开展水热型和井下换热型中深层地热供暖示范，推进城市地热能供暖建设，创新城市用能模式。

新能源加储能构网型技术研究

现有风电、光伏及储能设备多为跟网型，随着新能源装机占比逐年升高，给电力系统的稳定运行带来一定影响。开展构网型风电、构网型光伏发电、构网型储能等新能源技术研究，提高新能源接入弱电网的电压、频率等稳定支撑能力，提升新能源场站或汇集站送出能力。

农村能源转型发展助力乡村振兴研究

在具备资源、消纳条件的脱贫地区和乡村振兴重点地区,利用农户闲置土地和农房屋顶,进行分散式风电和分布式光伏建设,通过"公司+村镇+农户"的模式,使农户获取稳定的租金或电费收益,为村民提供就业岗位,帮助脱贫户增收。研究"光伏+现代农业"建设模式,农业企业、村集体在光伏电站开展板下经济作物规模化种植,提升土地综合利用价值。

可再生能源就地直接利用研究

在工业园区高耗能企业、大数据中心等区域开展可再生能源替代研究,提高可再生能源消纳比重。研究"绿电+绿氢"模式,带动氢燃料电池汽车在矿山、物流、公交、环卫等领域示范应用。研究可再生能源与电蓄热锅炉、电热膜、石墨烯取暖器、空气源热泵等采暖设施的结合,进一步推广可再生能源供热。

光伏发电多场景融合发展研究

内蒙古自治区第十一次党代会提出,要广泛拓展新能源应用场景,基于太阳能资源分布广泛和应用灵活的特点,在建筑、农业、交通、通信、生态治理等多个领域开展研究,促进光伏发电与不同行业在应用场景上的广泛融合。

14 十大典型突破

先进光伏组件率先大规模应用

采用高耐候性和高发电性能 Hi-MO7 组件的鄂尔多斯采煤沉陷区新能源大基地首批 1 吉瓦项目成功并网送电，为内蒙古自治区太阳能发电项目高质量建设注入新的活力。内蒙古巴彦淖尔蒙能能源有限公司 160 万千瓦光储 + 生态治理项目等一批在建大基地项目的同系列先进光伏组件已顺利交付。全区光伏产业技术水平不断升级，产业制造和装机规模持续扩大，度电成本快速降低，光伏产业综合实力保持先进水平。

陆上风电单机功率跑出加速度

内蒙古能源集团东苏巴彦乌拉 100 万千瓦风储项目采用单机 8.5 兆瓦风力发电机组投入商业运行，刷新国产陆上风电机组最大功率投产纪录，为后续大规模新能源大基地建设积累了新经验、创造了新模式。内蒙古能源集团西苏 100 万千瓦风储项目和库布齐沙漠鄂尔多斯中北部新能源基地项目采用我国自主研制全球单机容量最大、叶轮直径最大的 10 兆瓦陆上风电机组，项目将于 2024 年底相继投产，不断刷新国内陆上风电造价最优、安全最好、单体最大的纪录。

光热发电质量获得新突破

国内装机、储热规模最大的中船新能乌拉特中旗 100 兆瓦槽式光热电站，通过改进储热系统设计、优化运行策略和精细化天气预测，实现连续 45 天不间断负荷运行，单日纯光热最高发电量 221.6 万千瓦时、单月纯光热最高发电量 5230 万千瓦时、完整年纯光热发电量 3.3 亿千瓦时，屡创新高，为缓解局部电网电力调节压力作出了显著贡献。

绿氢产业加速投产

鄂尔多斯市准格尔旗纳日松 40 万千瓦光伏制氢产业示范项目于 2023 年底全容量并网，成为全国首个万吨级绿电制氢示范项目。鄂托克前旗上海庙经济开发区光伏制氢项目成功产出第一立方米氢气，正式进入试生产阶段。包头市达茂旗 20 万千瓦新能源制氢工程示范项目升压站顺利反送电。绿氢耦合化工、绿氢冶金、绿氢炼化等一系列新能源制氢项目相继获得批复，不断引领和助力内蒙古自治区工业领域实现绿色转型。

防沙治沙与风电光伏一体化工程快速响应

2024 年，全区立足能源产业优势，坚持科学治沙，有效推进沙漠化综合防治，助力打好"三北"工程攻坚战，部署实施防沙治沙一体化工程，各盟市及项目开发建设主体快速响应。大唐（内蒙古）能源开发有限公司乌兰察布市防沙治沙一体化工程于 6 月率先开展项目建设招标，赤峰市、阿拉善盟等盟市防沙治沙与风电光伏一体化工程加快备案和推进前期工作。

率先实现新能源装机容量超 1 亿千瓦

全区新能源总装机规模在 2023 年跃居全国第一后，再次迎来重大突破。2024 年 3 月 31 日，随着内蒙古能源集团四子王旗风储项目 100 万千瓦、三峡乌兰察布新一代电网友好绿色电站示范项目二期和三期 150 万千瓦、赤峰市能源物联网零碳氢氨一体化示范项目 12.5 万千瓦等项目陆续并网发电，内蒙古自治区新能源装机并网规模突破 1 亿千瓦，成为全国首个新能源装机超 1 亿千瓦的省份。全区上下积极推进新能源高质量发展，力争 2024 年底新能源装机突破 1.35 亿千瓦，提前一年实现新能源装机容量超过火电装机容量的目标。

抽水蓄能加快核准和建设

包头美岱抽水蓄能电站、巴彦淖尔太阳沟抽水蓄能电站通过可行性研究阶段三大专题咨询、审查，预计"十四五"末期核准开工建设，哈拉沁抽水蓄能电站（呼蓄二期）通过预可行性研究成果审查。同时，力争赤峰芝瑞抽水蓄能电站于 2027 年底前投产、乌海抽水蓄能电站于 2028 年底前投产，加快推进赤峰广兴源等抽水蓄能电站前期工作，持续推动呼和浩特市、兴安盟、通辽市、锡林郭勒盟、乌兰察布市、巴彦淖尔市等盟市约 20 个抽水蓄能电站项目尽快纳入国家规划。

"源网荷储"一体化示范项目高质量发展

2023 年底，全国首个"源网荷储"一体化示范项目——内蒙古乌兰察布新一代电网友好绿色电站示范项目（二、三期）成功并网，通过"高比例储能"和"智慧调控"实现风光储电站可测、可控、可调、可支撑等电网友好功能，参与蒙西电网顶峰供电、系统调峰，提高了新能源安全可靠替代水平。此外，额济纳旗"源网荷储"微电网示范工程成功构建，成为国内首个广域离网纯新能源电力系统，为全区清洁能源消纳比例提升及构网型储能多元化场景应用做出重要示范。

稳步推进存量负荷绿电供给

2023 年 11 月，内蒙古自治区进一步优化调整工业园区绿色供电等六类市场化新能源项目实施细则；除未向电网企业报装的用电项目、已报装但供电工程尚未开工的用电项目之外，国家鼓励绿色替代、与电网企业协商一致可替代的存量用电项目也可通过市场化项目的方式获取绿电配额，助力自治区打造用能洼地，有力支撑能源经济高质量发展。

成为第三个国家绿色电力交易试点

2024年2月，国家发展改革委办公厅、国家能源局综合司印发《关于内蒙古电力市场绿色电力交易试点方案的复函》（发改办体改〔2024〕82号），正式同意《内蒙古电力市场绿色电力交易试点方案》，内蒙古自治区成为继国家电网、南方电网之后国家批复同意的第3个绿电交易试点。

声 明

本报告内容未经许可，任何单位和个人不得以任何形式复制、转载。

本报告相关内容、数据及观点仅供参考，不构成投资等决策依据，水电水利规划设计总院、内蒙古自治区能源局不对因使用本报告内容导致的损失承担任何责任。

本报告中部分数据因四舍五入的原因，存在总计与分项合计不等的情况。

本报告部分数据及图片引自国家发展和改革委员会、国家能源局、内蒙古电力行业协会等单位发布的文件，以及2023年全国电力工业统计快报、《中国可再生能源发展报告2023》等统计数据报告，在此一并致谢！